22/5/90

Voor m'n lieve man,

Ik verwijs naar blz 78
"Een haartje".

Ik hou van je.

Je vrouw

Karin

Bij De Harmonie verschenen van Freek de Jonge:

De Komiek
De Tragiek
De Mars
De Mythe/De Openbaring
Een Verademing
Stroman & Trawanten
De Bedevaart
Het damestasje
Zaansch Veem

Freek de Jonge
Iets rijmt op niets

Verzamelde liedjes 1967-1990

Met een nawoord van de auteur

Uitgeverij De Harmonie
Singel 390
Amsterdam

Voor Hella

© Copyright 1990 De Roje Hel B.V., Muiderberg
Foto voorzijde omslag: Toni Burgering, Nationaal Onderwijs Centrum, Rotterdam
Foto achterzijde omslag: Marc Mildner
Grafische verzorging: Leendert Stofbergen
ISBN 9061693608 (gebonden) CIP
ISBN 9061693594 (paperback) CIP
Eerste druk april 1990

Als

Als iemand aan me vraagt *hoe gaat het*
Zeg ik *het gaat goed*
In plaats van
Bijna alles in het leven doet me pijn

Als iemand tot me zegt *het beste*
Zeg ik *ja tot ziens*
In plaats van
Het beste in het leven hou je voor jezelf

Waarom zeg ik wat ik zeg
Denk ik wat ik denk
Waarom denk ik dat ik zeg
Dat ik zeg wat ik denk

Als iemand aan me vraagt *hoe voel je je*
Zeg ik *het gaat wel*
In plaats van
Ik weet niet waar ik het moet zoeken
Dat gevoel

Uit: Neerlands Hoop Code (1978)

Als hij terugkomt uit de oorlog

Als hij terugkomt uit de oorlog
Zal zijn kind hem niet herkennen
Moet hij weer aan de vrede wennen
Wat zullen ze hem missen aan het front

En wij die zeker weten
Dat iemand doden moord is
En dat neuken een vies woord is
Weten niet wat we missen aan het front

Hijzelf schoot er vijftien dood
En zijn slapie vijfentwintig
De compagnie vijfhonderdtien
In een week
Per jaar doden ze duizenden
En verliezen ze ook duizenden
Min tien
Want zij zijn sterker

Hij wacht op zijn vergoeding
Daarvan moet hij krukken kopen
Want hij kan niet eens meer lopen
Omdat ze hem niet misten aan het front

Uit: Neerlands Hoop in Panama (1971)

Als ik jou zie

Als ik jou zie dan denk ik
Laten we gaan
Ver en voorgoed
Van het gehuichel hier
Er moet een plek zijn
Waar we samen kunnen leven
Als ik jou zie dan weet ik
Dat die plek er is

Als je geen liefde voelt
Dan kun je niet geven
We moeten ergens heen
Al is het maar een stal
Er is geen plaats voor ons
In deze harteloze herberg
Als ik jou zie dan weet ik
Dat die plek er is

Jij kwam
Toen ik gevangen was

In eenzaamheid
En de dagen telde
Op de muren rond mijn hart
Jij boog de tralies door
En liet mij kijken
Naar de vogels aan de hemel
En naar jou

Als ik jou zie dan denk ik
Waarom nog zoeken
Naar een onbekende plek
Die niet bestaat
Er is geen paradijs op aard
Maar ik heb jou gevonden
Als ik je zie dan weet ik
Jij bent overal

Uit: Een kannibaal als jij en ik (1975)

Als jij er niet meer bent

Als jij er niet meer bent
Wil ik de wereld overtrekken
En zal ik een ander kind verwekken
Dat niet op het onze lijkt minder verwend
Waar ik harder voor moet werken
Zodat ik nauwelijks zal merken
Dat jij er niet meer bent

Als ik dan langs het huis loop
Waar we lang en innig samen waren
En zonder schaamte deelden lach en traan
Zal ik een tel met een glimlach
Terugverlangen naar die wilde jaren
Dan snel als een betrapte hoereloper verder gaan

Als jij er niet meer bent
Zal ik je blijven schrijven

Het cliché wil dat we vrienden blijven
Totdat jij mijn handschrift niet meer kent
Probeer me maar niet te begrijpen
Ik kan alleen maar verder rijpen
Als jij er niet meer bent

Als ik dan bij toeval zie
Hoe je je door hem laat amuseren
Beken ik nederig dat doet me zeer
Zonder enkele behoefte
Ook maar een dag terug te willen keren
Denk ik dat ik dan gerust stellen mag wij hadden meer

Als jij er niet meer bent
Dan kan ik niemand worden
Jij was mijn klem mijn laatste horde
De rem op weg naar transcendent
Pas als jij niet meer van mij wilt weten
Kan ik het zonder pijn vergeten
Omdat ik zonder jou niets ben

Uit: Manuscript (1990)
Muziek: geen

Arbeider dat heb je er nou van

De werknemer zit met zijn sloffen aan aan tafel
Voor hem ligt de krant die hij al uit heeft
En een pakje shag
Zijn vrouw komt binnen met een tweede bakje koffie
Zij geeft er een frou-froutje bij
Maar de werkman heeft geen trek

Vroeger dacht hij alleen aan strakke truitjes
Aan Koning Voetbal sigaretten
Van zijn eigen merk
Nu staart hij door de geraniums naar buiten
En denkt de hele dag
Aan werk

Vroeger was hij zeker dat ze het wisten
De vakbond de partij
Wat was hij solidair en sterk
Nu staat hij alleen
Met 200 000 egoïsten en denkt alleen
Aan werk

Werknemer dat heb je er nou van
Jij in de ww
En je vrouw in zak en as
Waar moet je heen
Je kan geen kant meer op
Kijk maar op je Tros Kompas

De werknemer zit met zijn vrouw een pot te dammen
Vroeger zou zijn dag verpest zijn
Als hij het van haar verloor
Hij damt omdat vrouwlief bang is
Dat hij er anders op gaat rammen
Ze heeft alweer een dam
Ze staat zes schijven voor

Vroeger zou zijn baas hem niets hoeven te flikken
Hij kende alle trucjes van de bond
En ondernemingsraad
Nu zit zijn slof ritmisch
Met de alarmschijf mee te tikken
De werknemer kent de hele dag
Zijn plaats

Arbeider dat komt er van
Elke maandag in de rij
Voor een paraaf
Elke dag weer lezen
Dat je profiteert
Kijk maar in je Telegraaf

Werknemer arbeider slaaf

Uit: Interieur (1976)

9

Bello de hond

Daar gingen ze de wagen volgeladen
Het schuifdak open dat was lekker fris
De vrouw zei nog *we hebben iets vergeten*
Ik zou alleen bij God niet weten wat het is
Maar toen ze bij de grens waren gekomen
Sloeg de vrouw onthutst de handen voor haar mond
De man zei *o die is de paspoorten vergeten*
Vergeet het maar zei zij *het is de hond*

Het is de hond
Bello de hond

Waarop de man zei *vrouw dat beest moet zich maar redden*
Als ik eenmaal op weg ben draai ik niet meer om
Buurvrouw laat hem wel uit als ze de planten gaat begieten
Dat beest krijgt zonder ons zijn buik wel rond
Ze waren toch al niet van plan geweest hem mee te nemen
Een hond mee op vakantie dat is veel te duur
Ze hadden hem bij Arnhem willen droppen
Gewoon zo'n beest weer terug in de natuur

In de natuur
Bello in de natuur

De hond zat met zijn halsband aan de tafel
Omdat hij voor het vertrek te opgewonden was
Hij stond meer dan een dag te janken
Want hij was zindelijk en moest heel erg een plas
En toen hij 's avonds laat zijn halsband doorgekauwd
Had hij zijn plas tegen de tafelpoot gedaan
Nadat hij twee geraniums had opgegeten
Was de eerste trek maar niet de honger weggegaan

Het bankstel was na één week nog slechts veren
Getergd begon het dier aan het karpet
Buurvrouw die was gekomen met haar gieter
Lag toen al vier dagen met vleeswonden te bed
De hond hebben ze af laten maken
Zodra ze van vakantie waren teruggekeerd

Twee weken later kwam ik ze weer tegen
Toen ze een bankstel uitzochten bij Van der Meer

Bij wie ook weer
Bij Van der Meer

Uit: Plankenkoorts (1972)

Bericht aan de reizigers

De trein glijdt spoorslags door de groene weiden
Als een geslepen broodmes door de zoete koek
Ik ben op weg van Amsterdam naar Leiden
Ik reis tweede klas en ik lees een boek
Ik lees niet echt het is meer een pogen
Door de herrie en het schokken van de trein
Dansen de bladzijden met letters voor mijn ogen
Die tranen en mijn hoofd doet pijn

De titel nog nauwelijks onderscheiden
Heb ik toch al een behoorlijk stijve nek
Als ik verstandig was legde ik het boek terzijde
Dat doe ik niet ben bang voor een gesprek
Ik lees ondanks de veel te luide stemmen
Ondanks de zware koffers in het bagagerek
En als de trein bij een onveilig sein moet remmen
Krijg ik de zwaarste koffer in mijn nek

De eigenaar vraagt of ik mij bezeerd heb
Dat heb ik maar ik schud desondanks van nee
Ik voel me of ik met een beer gecopuleerd heb
En wankel door het gangpad naar de plee
Daar hoef je voor niemand bang te wezen
Daar mag je doen en laten wat je wil
Ik wil niet veel alleen maar lezen
Dan zijn we in Haarlem en de trein staat stil

Je mag de plee niet op stations gebruiken

Gehoorzaam verlaat ik het toilet
Ik neem me voor weer in mijn boek te duiken
Als mijn plaats door een soort pooier is bezet
Als ik alleen mijn jas nog maar wil pakken
Dan springt hij op bereid tot een gevecht
Mijn handen zakken automatisch naar mijn zakken
Mijn geld en mijn spoorkaartje zijn weg

Al eens eerder uit de trein getreiterd
Ren ik rap als racekak naar het toilet
De trein zit kennelijk vol met schijters
Op allebei de deuren staat *bezet*
Ik doe het haast in mijn broek begin te huilen
Het zweet breekt uit ik krijg een vuur als kleur
Ik probeer me in mijn boekje te verschuilen
Want ik hoor de kniptang van de conducteur

Vlak voor ik krankzinnig ben geworden
En middenin een angstig schietgebed
Ziet de conducteur mij met een boek en zegt *in orde*
Hij glimlacht tikt twee vingers aan de pet
Als ik ten slotte arriveer in Leiden
Dan weet ik mij gered door het boek en denk
Ook nog een gesprek kunnen vermijden
Heerlijk zo'n boekenweekgeschenk

Uit: Ingenaaid of gebonden (1975)

Beter zo

Mooi woon je hier pap in dat bos
Toe laat mijn hand eens los
Dat staat zo kinderachtig
Ik was de sterkste van de klas
Toen Sidney er niet was
Die Surinamer van 1.80

Opa heeft mij een fiets beloofd

Wat heeft die man daar een raar hoofd
Heeft die zijn kinderen ook geslagen
Weet je pap een nieuwe fiets
Voor mijn verjaardag vind ik niets
Ik ga zo'n plank op wieltjes vragen

Mama is lief mama is lief
Mama gaat zo vaak op stap
Mag jij het hek uit pap
Heb je ook een eigen kamer
Waar mijn tekening kan hangen
Die waar mama jij en ik op staan
En als je straks weer beter bent
Zul je mij dan nooit meer slaan

Eén van de jongens uit de klas
Zei dat jij veroordeeld was
Ik ga op Milky Ways tracteren
We hebben ook een nieuwe oom
Wel aardig maar een beetje sloom
Hij blijft af en toe logeren

Mama is lief mama is lief
Mama gaat zo vaak op stap
Heb je geen zakdoek pap
En als je hier nog lang moet blijven
Kom je niet op mijn verjaardag
En hoe krijg ik dan mijn cadeau
Niet dat je thuis moet komen hoor
Het is veel beter zo

Uit: Neerlands Hoop Code (1978)

Bier

Op het land groeit de gerst
In het dorp vloeit het bier
De boer krabt zijn kont
Zijn knecht stinkt naar gier
Hij hangt in de kroeg
Op zoek naar vertier
Het schuim op zijn mond
Bier

's Morgens na de nacht
Komt de knecht op het land
Dorst als een vlegel
Zijn kop staat in brand
De gerst in de zak
En geen korrel gemorst
Korst om zijn bek
Dorst

De brouwer koopt gerst
En 's morgens heel vroeg
Zit de boer bij de bank
En de knecht in de kroeg
Gevuld wordt het glas
Geleegd wordt het vat
Valt van zijn kruk
Zat

Alles is voor weinigen
Die niet willen delen
Alles is voor niets
Niets is voor velen
Van velen krijgen maar
Heel weinigen hun deel
Ja veel is voor niets
En alles is teveel

De oogst is voorbij
Dus de knecht naar de stad
Daar is werk aan de winkel

Daar is altijd wel wat
Leven in de brouwerij
Daar zijn kroegen is plezier
In de ketel gist de hop
Heel de stad stinkt naar
Bier

Hij gaat naar zijn werk
Met pijn in zijn kop
Hij brouwt bier voor de kroeg
En daar zuipt hij het op
In de fles in de keel
Geen druppel gemorst
De cirkel is rond
Dorst

De brouwer woont buiten
Bij de boer en de bank
De knecht in de stad
Waar hij stank krijgt voor dank
Op het land groeit de gerst
En de winst in de stad
In de goot ligt de knecht
Zat

Alles is voor weinigen
Die niet willen delen
Alles is voor niets
Niets is voor velen
Van velen krijgen maar
Heel weinigen hun deel
Veel is voor niets
En alles is te veel

Uit: Manuscript (1989)

Credo

Hoelang moet ik nog blijven spreken
Zal ik mijn taak vervullen
Of zal ik verlegen
Stikken in een oud verhaal
Ik wil niet preken
Hoewel zinvol maakt het woorden leger
Stom en onthand maak ik gebaar en taal

Hoelang moet ik nog leven blijven
Wie maakt mijn dagen korter
Doet mijn nachten lengen
Was het de leugen die mijn hart aanvrat
Niets zal ik schrijven
Dat de waarheid dichterbij zal brengen
De waarheid is een onbeschreven blad

Hoelang moet ik nog blijven leven
Wie doet de jaren voortgaan
De seizoenen keren
Is het dezelfde die mijn lot bepaalt
Ik wil niet streven
Wie vrede wil laat dat passeren
Wacht lijdzaam af tot hij wordt opgehaald

Hoe lang moet ik nog blijven zwerven
Wie jaagt mij dalen in
Laat mij een berg bestijgen
Al in de weet dat al mijn streven is
Verschreven sterven

Wat alles zegt is een hardnekkig zwijgen
Ten onder gaan zo een beleven is

Uit: Stroman & Trawanten (1984)
Muziek: geen

Daar ligt hij

Daar ligt hij op de grond
Te wachten op zijn shot
Te wachten op de hemel
Mohammed Boeddha God

Doodsbang voor de dag
Te wachten op wat licht
De deur die op een kier stond
Viel met een noodgang dicht

Stomme klootzak die je bent
Ik was toch net zo bang als jij
Nu heb je niets en ik heb
Alles waar ik bang voor was

Alles waar ik bang voor was
Alles waar ik bang voor was
Alles waar ik bang voor was
Een vrouw een huis een kind

Ik ben nog steeds bang
En jij bent ziek
Ik ben geen dokter
Ik ben niet eens je vriend

Daar ligt hij op de grond
Kijkt naar het plafond
Hij heeft niets meer te zeggen
Zo hij nog praten kon

Hij is doodsbang voor de dood
Zonder dat hij voor zijn leven vecht
Hij ademt in hij ademt uit
En daar is alles mee gezegd

In de witte slaapzaal
Wordt zijn lijden wat verlengd
Hij glimlacht als de zuster
Hem zijn medicijnen brengt

Hij is doodsbang voor de dood
Zonder dat hij voor zijn leven vecht
Hij ademt in hij ademt uit
En daar is alles mee gezegd

Uit: Neerlands Hoop Express (1973)

De ballade van Jan Lul

Jan Lul had in zijn leven
Nog nooit een vlieg gestoord
Nu draaide hij de bak in
Op beschuldiging van moord
Er waren geen motieven
Hij had een alibi dat sloot
Maar de rechter zat te slapen
En vonniste de dood
Ze zetten hem gevangen
Omdat ook de jury zweeg
Hij was koud opgehangen
Toen hij gratie kreeg
De beul die hem bevrijden moest
Ging voor hem op de loop
Want de strop die hij gestrikt had
Kreeg je nooit meer uit de knoop

Zo bleef Jan uren hangen
De zon scheen op zijn bol
Zijn nek werd almaar langer
Maar hij hield dapper vol
Toen de zon begon te zakken
Kwam Piet Snot voorbij
Jan riep *je krijgt een zakdoek*
Als je mij bevrijdt
Ik neem niks aan van vreemden
Zei Piet Snot en hij liep door
De zon was al verdwenen
En de lijkwagen reed voor

Jan trilde van de zenuwen
En baadde in het zweet
Hij deed net of hij dood was
Toen de kraai het touw doorsneed

Jan plofte op de aarde neer
En juichte *ik ben vrij*
De kraai die zich een aap schrok
Viel naast hem neer en zei
Jij mag dan wel vrij zijn
Maar nu hang ik jou op
Ze blijven gratie geven
Jij bent mijn vierde strop
Ik kan het niet helpen
Dat de wet zich heeft vergist
Ik heb toch ook mijn kosten
Wat dacht je van zo'n kist
Jan vocht voor zijn leven
De kraai legde het af
En sinds die dag rijdt Jan als kraai
De doden naar hun graf

Jan Lul stond voor de rechter
En de rechter voor Jan Lul

Uit: Neerlands Hoop in Panama (1971)

De ballade van Scrotum Bill

Op één van die kale vlaktes
Met hier en daar een kouwe cactus
Woont een cowboy met kapsones
En zijn naam is Scrotum Bill
Omdat zijn auto in de puin ligt
Heeft hij een paard gekocht op Duindigt
Daar rijdt hij mee naar Statie-City
Want daar heeft hij een geschil

De zon komt op
Het paard denkt schrander
Ik zet één been voor het ander

In de bar van Statie-City
Werkt het meisje Bison Kitty
Shaked daar cocktails voor de klanten
En ze houdt van Scrotum Bill
Maar op de kust ligt nog een kaper
Het is de zwerver Jack de Raper
Die nu zijn leven op het spel zet
Want in Bill zijn hoofd staat *kill*
Het paard wordt moe
Denkt terug aan Duindigt
Waar die forse bruine ruin ligt

Als Mexicaan Incog Nito
Drinkt Bill 's avonds vele liters
Eén knipoog in haar richting
En Jack die gaat er aan
Gaandeweg wordt Bill zo dronken
Dat hij zelf begint te lonken
Hij wordt niet herkend door Kitty
En dat komt hem duur te staan
De merrie kijkt
Geschrokken denkt ze
Wat een ordinaire hengsten

Kitty wenkt achter de kassa
Sherriff Francklin H. D. Massa
Die niet lang op zich laat wachten
En Bill als een dekhengst temt
Kit herkent Bill nu hij mee moet
Bill ijlt lallend onder invloed
Als je in je cocktails minder gin doet
Had je nou een happy end
Men slacht het paard
Begin van biefstuk
Maar het einde van de sweepsteak

Uit: Neerlands Hoop in Bange Dagen (1969)

De bekering

Eens zou ik van huis gaan
Voor gratis heroïne op de hoek
Belt iemand met de bijbel
Die zegt *ik kom eens op bezoek*
Ik wou eens met u praten
Over Duivel Jezus God
U mag kiezen wie het eerste
Want ik ben nog niet zo rot

Ik zeg *Jezus beste kerel*
Ik ben op zoek naar doop
Hij zegt *ja dat komt later*
Maar ik zie er is nog hoop
God zeg ik *je snapt het niet*
Ik hunker naar een trip
Ik moet als de duivel scoren
Anders wordt mijn naam nog Flip

Toen zegt hij *luister Flip mijn beste*
Leg jij die spuit nou neer
Laat die oïne achterwege
En hou het enkel op de Heer
Alles klopte in mijn kop
Mijn hersens barstten er haast uit
Hij riep *toe dan door de knieën*
En ik knielde in mijn spuit

Krimpend van de pijn zei ik
Dat heb je er nou van
Sta daar niet zo stom te kijken
Jezus Christus help me dan
Toen gebeurde er een wonder
Geprezen zij des Heren naam
De spuit begon te trillen
En vloog met een boog uit het raam

Alles klopte in mijn kop
Voor mijn ogen werd het zwart
Alles klopte want ik stopte

Ik stopte Jezus in mijn hart
Wie tot inkeer durft te komen
Die wordt door de Heer beloond
Die krijgt gratis zijn genade
En die was nog nooit zo stoned

Uit: Stroman & Trawanten (1984)
Muziek: Willem Breuker

De bierkaai

Kom mee naar de bierkaai moeder
Kom mee ik leid je rond
Want je vindt me zo veranderd
Zo grof geworden in de mond

Kom mee naar de bierkaai moeder
Kom mee ik laat je alles zien
Je vindt dat ik er slordig bijloop
Terwijl ik redelijk verdien

Kom mee naar de bierkaai moeder
Kom mee ik toon de werkelijkheid
Je zegt *je zit vol idealen*
Maar waar is je menselijkheid

Dank zij God kon ik onderscheiden
Wat was goed en wat was slecht
God is de bierkaai moeder
De bierkaai
Waartegen ik vecht

Zie je daar die junkie liggen
Stikkend in zijn eigen kots
Hij is meester in de rechten
En was ook eens zijn moeders trots
Zijn vader was een rijke stinkerd
En die stuurde hem steeds poen

Alles kon alles mocht maar de wil ontbrak
Om er iets aan te doen
Al het geld dat hij besteed heeft
Kwam bij de verkeerde terecht
Geld is de bierkaai moeder
De bierkaai waartegen ik vecht

Zie je daar die rechter lopen
In zijn splinternieuwe jas
Hij zorgt dat het recht zijn loop heeft
Alles blijft zoals het was
O wat loopt-ie zelfverzekerd
Hij heeft zich nog nooit vergist
Wie kritiek heeft op zijn uitspraak
Die wordt uitgemaakt voor terrorist
Wie de macht heeft om te spreken
Praat wat krom is makkelijk recht
Macht is de bierkaai moeder
De bierkaai waartegen ik vecht

God is de bierkaai moeder
Geld is de bierkaai moeder
Macht is de bierkaai moeder
De bierkaai waartegen ik vecht

Uit: Neerlands Hoop Code (1978)

De blues

Eenzaamheid
Is overal hetzelfde
De kroeg gaat sluiten
Het is de hoogste tijd
Je glas is leeg
Maar niemand zal het vullen
De nacht begint
Dat noem ik
Eenzaamheid

Zelfs de hond die nooit alleen is
En door niemand wordt erkend
Wenst op een plaats te sterven
Waar niemand hem herkent

Eenzaamheid
Dat is alleen zijn met je bloed
Ik wil nooit meer alleen zijn
Ik ken mijzelf daarvoor te goed

Eenzaamheid
Is overal hetzelfde
Het is de deur die dichtvalt
En je bent de sleutel kwijt
De bel is stuk
En niemand hoort je roepen
Een straathond blaft
Dat noem ik
Eenzaamheid

Ik wil alleen zijn als ik doodga
De dood is niemands vrind
Maar wees in godsnaam bij me
Als het leven weer begint

Eenzaamheid
Is alleen zijn met je bloed
Ik wil nog lang niet doodgaan
Ik heb het leven nog tegoed

Uit: Neerlands Hoop Express (1973)

De brief

Toen ik 's morgens wakker werd
Lag naast mijn hoofd een brief
Waarop stond *ik ben je buurvrouw*
En ik heb je lief

Ik had vaak iemand liefgehad
Maar was zelf nog nooit bemind
Dus rende ik de trappen op
Met de snelheid van een kind

Ik had alleen uit boeken
Dat een vrouw haar man bedroog
Ik kneep hem als een knijpkat
Toen ik belde op vierhoog

Buurvrouw was heel aardig
Majestueus gebouwd
Ze was zevenenvijftig
En dertig jaar getrouwd

Uit: LP Neerlands Hoop in Panama (1971)

De damslaper

Het was voorin de zomer
Toen Hank met zijn slaapzak kwam
De orgelman sprak Engels
Verwees hem naar de Dam
Hij was doodziek en moe
Van drie weken werken
En ging naar Amsterdam
Om er wat aan te sterken

Hij dacht niet meer aan vader
Die dacht aan de fles
Sleep een punt aan een houtje
Met zijn padvindersmes
Naast hem zat een meisje
En daarnaast zat een jongen
Die bij hun gitaar
Het oude liedje zongen

Hij keek naar het meisje

Dat keek naar zijn lach
De politie liep in overhemd
Het was een mooie dag
Het meisje en de jongen
Verwisselden van plaats
Hij zong een ander liedje
Zij klapte uit de maat

Stik zei de gitaarspeler
Hou gvd je mond
Hank kon het niet helpen
Dat hij hem niet verstond
Terwijl de burger bruin bakt
Op de overvolle stranden
Voelden zij het mes
Trillen in hun handen

Het stoplicht sprong op rood
De mensen staken over
En 's avonds bij het slapen gaan
Bleef er een slaapzak over
Een krant schreef over drie kolommen
EERSTE DODE OP DE DAM
Het was zomer zeventig
En oorlog in Vietnam

Uit: Neerlands Hoop in Panama (1970)
Muziek: geen

De elite

Wie geen droog brood wil eten
Die niet staat waar hij wil
Die moet zijn smaak vergeten
Buigen voor een modegril
Die smeert met stroop en honing
Die mijdt zout en azijn
Die roept *de klant is koning*
Al is hij republikein

Dus gaat hij door de knieën
Voor een aalmoes en een fooi
Dus klinken melodieën
Opgewekt niet hard maar mooi
Dus speelt hij voor paleizen
Recepties en banket
Komt er voor koning paus en keizer
Slijm uit zijn trompet

Nu bestaat er een elite
Dat is publiek geheim
Die wil nog echt genieten
Die houdt niet van geslijm
Die wil nog avant garde
Die vraagt niet om een gunst
Die wil alleen maar harde
Humor experimentele kunst

En nu heb ik het gevoel
Dat u die kleine elite bent
Dames en heren

Uit: Stroman & Trawanten (1984)
Muziek: geen

De generaal

De generaal heeft slecht geslapen
Hij mag niet worden gestoord
Hij ligt te suffen op zijn wapen
Tot hij een sirene hoort
Hij slaakt een vloek
Begint te denken
Als een afgerichte hond
Pakt dan het boek met oorlogswenken
Voor het westelijk halfrond
Wenk één is *sla het boekje open*
Maar hij is al bij wenk twee

Probeer de vijand om te kopen
Zoals Amerika dat deed

Wenk drie is *ga naar de soldaten*
En spreek van tranen bloed en zweet
Dat jij het leven wel kan laten
Maar dat niemand jou vergeet
Maar hij kan niemand inspireren
Is hij dan alleen een held
Soldaten breken hun geweren
Zonde van het defensiegeld
De generaal kan het niet laten
En slaat de laatste bladzij om
Daar staat *mocht dit boek niet baten*
Ga dan te rade bij de bom

Lang hoeft hij niet na te denken
Dat heeft hij trouwens nooit gedaan
Hij sluit het boek met oorlogswenken
En gooit het uit het open raam
Daar voor de kaart met alle landen
Blijft bij een tel eerbiedig staan
De wereld rust nu in zijn handen
Hij slikt iets weg het is een traan
Daar het de laatste keer niet werkte
Kijkt hij gespannen naar de knop
Bidt dan tot God en vraagt om sterkte
Drukt zijn rechterduim er op

In de paddestoel staat groot THE END
Maar de mensen zijn al zo verwend
Die zijn alvast naar huis gegaan
De helmen diep in het gezicht
De overalls tot boven dicht
Want het kan koud zijn op de maan

Uit: LP Neerlands Hoop in Panama (1971)

De godvergeten blues

Jij hebt mij geleerd mijn veters vast te maken
Toen ik helemaal geen schoenen had
Jij hebt mij geleerd met mes en vork te eten
Toen er niets op tafel stond
Jij hebt mij geleerd de trekker over te halen
Geweren zorgde jij wel voor
Maar je bent vergeten mij te helpen
Sorry dat ik je in je goedheid stoor

Want ik heb blaren op mijn poten
Ik heb honger ik heb dorst
Ik heb mijn broeder neergeschoten
En wat heb jij mij geleerd
De godvergeten blues

Jij hebt mij geleerd mijn tanden goed te poetsen
Hoewel ik nooit een gaatje heb gehad
Jij hebt mij geleerd me netjes aan te kleden
Wist ik veel wat netjes was
Jij hebt mij geleerd in jouw goden te geloven
Mooie woorden zorgde jij wel voor
Maar je bent vergeten mij te helpen
Sorry dat ik je in je goedheid stoor

Want ik heb gaten in mijn tanden
Ik heb gaten in mijn ziel
Ik sta mijn tranen uit te zweten
En wat heb jij mij geleerd
De godvergeten blues

Op een dag zal ik jou leren
Waar jij kunt gaan en staan
Op die dag zul jij ook leren
Wat je mij hebt aangedaan
Op die dag zal ik voor je zingen
De godvergeten blues

Uit: De dag dat de onschuld doodging (1969)

De haan kraaide victorie

Ik droomde in de kerk
Ik zat op God te wachten
Dat er opeens een kerkhaan voor me stond
Hij was de afgezant der humanistische gedachte
Hij zei *je zit hier vaak wat zoek je hier*
Ik zei *ik wacht op God*
Die eenmaal terug zal komen
Waar anders dan in zijn eigen kerk
De haan lachte zich rot
Hij kwam net terug uit Rome

De haan kraaide victorie

Ik wist dit was de satan
Maar hoe kon ik ontsnappen
Er zijn geen nooduitgangen in de kerk
Dus begon ik in paniek in het wilde weg te trappen
Maar een kemphaan weet wat vechten is
Hij wachtte tot ik moe was
Met op me in te pikken
Toen liep hij weg hij had nog meer te doen
Hij zei *er komt een bloedhond*
Om je wonden schoon te likken

De haan kraaide victorie

Ik keek door een kier
De deur wou niet meer open
Buiten was een veldslag aan de gang
Op teken van de haan richtten alle lopen
Op mij en op de kerk waarin ik zat
Ik vluchtte naar het altaar
Schreeuwde mijn gebeden
Terwijl de kogels floten door de kerk
Toen klonk het laatste schot
De strijd moest zijn gestreden

De haan kraaide victorie

Waarvan ik wakker schrok
Dat had ik meer gelezen
Een haan die driemaal kraaide in de nacht
God had mij door die droom weer eens bewezen
Hanen kraaien dromen zijn bedrog

Uit: LP Liedjes aan de kerk (1969)

De harde waarheid

Moeder stopte vaders sokken
Pa met krant dronk een kop thee
Truusje hing aan moeders rokken
Keesje keek kleurenteevee
Ook Jaap was thuis hij zat te lezen
Een spannend boek van Robin Hood
En door het fluiten van de mezen
Leek de stemming reuze goed

Maar de spanning was te snijden
Omdat Jaap ergens mee zat
Hij had gedroomd van mooie meiden
En 's morgens was zijn bed toen nat
Jaap zat op zijn stoel te zweten
Deed maar net alsof hij las
Maar Jaap wilde van vader weten
Wat een harde plasser was

Toen pa de krant had dichtgevouwen
Stopte hij een verse pijp
Toen kon Jaap het niet meer houwen
Hij vroeg *vader ben ik rijp*
Pa schrok als door een wesp gebeten
Moe had zich aan de naald bezeerd
Dan wil vader wel eens weten
Waar Jaap die woorden heeft geleerd

Jaap kon zijn tranen niet bedwingen

Het was die jongen in zijn klas
Die plaatjes had met blote dingen
En die zei dat vies doen lekker was
Wat voelde Jaap zich een verrader
Vragend keek hij moeder aan
Toen klonk de harde stem van vader
Zo is het wel genoeg Jaap je kunt gaan

Jaap hing de rugzak om de schouders
En liep de nacht in nog verward
Thuis bleven zijn onthutste ouders
Wat is ouderschap vaak hard
Jaap liep zolang zijn beentjes konden
En hij pardoes voorover viel
Laat werd Jaap die nacht gevonden
Door een blinde homofiel

Jaap werd twaalf en bordenwasser
Fier droeg hij zijn moeilijk kruis
Soms kreeg hij een harde plasser
Dan dacht hij altijd weer aan thuis
Nu zijn we vele jaren later
Jaap heeft de baard al in de keel
Dan ziet hij opeens zijn vader
Op de stoep van een bordeel

Alles is dan snel vergeven
De tijd maakt alle wonden heel
Zuster Truus zit in het leven
En Jaap is homoseksueel
Ouders in de zaal gezeten
Weest u bewust van dit gevaar
En laat uw kinderen tijdig weten
Van boerenkool en ooievaar

Uit: Neerlands Hoop in Panama (1971)

De herder

Te midden van een geit die gras graast
En een toevallige geit die schijt
Zit de herder op zijn eiland
Wijl hij geiten breit

Hij had een welge schapen kudde
Die hij kende schaap voor schaap
Hoeveel heeft hij nooit geweten
Ging hij tellen viel hij steeds in slaap

Tegen zijn hond een Duitse herder
Heeft hij nooit een woord gezegd
Niet uit onvriendelijkheid of onwil
Maar hij sprak zijn talen slecht

Zo sober als hij vroeger hoedde
Zo was hij nu aan de alcohol
Door een stuk verdriet getekend
En geschilderd door de wol

Zijn eiland werd verbonden
Door een splinternieuwe dam
Een schaap liep er over
De kudde volgde zelfs het lam

Het was de lokroep uit het Westen
Daar was vertier daar werd geleefd
Daar werd met stainless steel geschoren
En gedept met after-shave

's Nachts zwierf hij ijlend op de heide
Waarom had men zijn gat gedicht
Hij kon al zijn schapen tellen
Prompt deed hij geen oog meer dicht

Op een dag kwam uit de hemel
Van de Grote Herder die ons leidt
Een tip die zijn bestaan verzekerde
Al leek het slechts een kleine geit

Vanaf die dag kan hij weer leven
Al is hij al zijn schapen kwijt
Hij kan altijd herder blijven
Als hij voldoende geiten breit

Uit: Ingenaaid of gebonden (1975)

De hond en de zwerver

Het was stampvol in het café
Dat S. die avond laat nog vond
En toen hij iets te drinken had besteld
Zocht hij een plaatsje met zijn hond
Zijn wonden schrijnden van de pijn
Hij was niet ver gekomen deze dag
En hij schrok niet eens van zijn gezicht
Toen hij het in de spiegel zag

De mensen deinsden achteruit
Ze waren bang van zo'n gedrocht
Het werd doodstil in het café
Toen S. de plaats vond die hij zocht
Het kan geen menseneter zijn
Hij heeft geen tand meer in zijn mond
Kijk hij schenkt wat bier uit in zijn hand
Geeft dat te drinken aan de hond

Een dronkelap begon te schelden
Een braniekraag viel tegen hem aan
S. was omringd door zondagshelden
Zijn glas viel en hij bleef staan
De waard zei dat hij moest sluiten
De hond sprong op ze trapten op zijn staart
Maar even later stonden alle mensen buiten
Wat is het leven van een zwerver waard

Hij stond gevangen in een kring
Weerde de slagen waar hij kon

Ze sloegen en ze trapten net zo lang
Totdat de sterkste won
Nog nooit had hij zich afgevraagd
Waarom hij niet alleen wou zijn
Je kunt ook houden van een hond
Dat doet veel minder pijn

De hond die de mensen langer kende
Hield zich erbuiten keek nog wel
Eén keer vocht hij mee
Dat was genoeg een hond leert snel
Steeds als het gevecht was afgelopen
Zocht hij zijn baas likte zijn gezicht
Dan waren zijn ogen blauw maar open
Nu zaten ze dicht

Uit: LP Heimwee naar Holland (1978)

De hijger

Op een morgen word ik wakker
Gaat opeens de telefoon
Ik neem de hoorn van de haak
Tot nu is alles nog gewoon
Dan begint er een te hijgen
Als een stoomwals en ik zeg
Het hijgend hert heeft al gebeld
En ik heb de hoorn erop gelegd

Het is de hijger
Dat is de hijger
Mijn eigen hijger
Hij wil dat ik terug hijg
Maar ik weiger

Nu belt hij elke avond
Om precies dezelfde tijd
Ik heb van alles geprobeerd

Maar ik raak hem niet meer kwijt
Ik heb al een paar keer op dat tijdstip
De hoorn er naast gelegd
Maar dat hielp geen sodemieter
Ik raakte aan het gehijg gehecht

Het is de hijger
Dat was de hijger
Mijn eigen hijger
Hij wil dat ik terug hijg
Maar ik weiger

Uit: Neerlands Hoop Express (1973)

De intellectuelen

Voor geen goud
Wil ik bij de intellectuelen horen
Ze lullen je de oren van je kop
Geef mij maar radio of televisie
Als ik er genoeg van heb
Geef ik een slinger aan de knop

Voor geen goud
Wil ik bij de intellectuelen horen
Ze hebben niks te zeggen maar zo mooi
Geef mij maar een papegaai
Als ik genoeg van zijn gelul heb
Gooi ik een doek over zijn kooi

Ze lullen je de oren van je hoofd
Onder de tafel van de sokken
Door drugs en drank verdoofd
Niet zien dat je moet knokken
Met je kop en met je handen
Met je mond en met je tanden
Met geweren messen stokken
Moet je knokken knokken knokken

Voor geen goud
Wil ik bij de intellectuelen horen
Als het maar leuk is en genuanceerd
Ik hou mijn hart vast voor de toekomst
Want van de geschiedenis
Hebben ze niks geleerd

Uit: Neerlands Hoop Code (1978)

De kinderen droegen vader

De kinderen droegen vader
Op hun schouders naar zijn graf
Nog vijf minuten sjouwen
Dan waren ze van hem af
Niemand die moest huilen
Een mus zat suffig op een tak
Alleen de kraai was sjagrijnig
Maar dat is zijn vak

Des morgens had de doodgraver
Aan het graf zijn werk gedaan
En at op een verweerde zerk
Een goudgele banaan
Hoe kunt u vroeg een weduwvrouw
Iets eten op een zerk
De een zijn dood is de ander zijn brood
Ik krijg honger van dit werk

De schil gooide hij achteloos
Over zijn oude hoed
Kwam op het grintpad terecht
Voor de naderende stoet
De kraai die de schil zag liggen
Hield zich in keek strak
Naar de blauwe hemel
Want dat was zijn vak

Voor het eerst in zijn leven
Bad de kraai tot God
En sloot toen beide ogen
Vol eerbied en genot
De stoet liep onverstoorbaar
Langs de fatale plek
Wat er ook gebeurde
Niemand viel op zijn bek

Des avonds keert de doodgraver
Huiswaarts met zijn schop
En raapt in het voorbijgaan
De bananeschil weer op
Hij groef die dag acht graven
Voor zichzelf en zijn gezin
Hij groef acht kuilen voor een ander
En viel er zelf niet in

Uit: LP Neerlands Hoop in Panama (1971)

De klaagzang van de welvaart

Het is de klaagzang van de welvaart
Het is krabben aan de korst
Want die wonden moeten open
Wij willen oorlog honger dorst
Het is het liedje van verlangen
Want wie tevreden is staat stil
Het is het noodlot van de mensheid
Noem het maar de vrije wil
Het is de klaagzang van de welvaart
Omdat niemand het geluk herkent
En dus graaft in het verleden
Op zoek naar sentiment

Uit: De Mars (1981)
Muziek: Freek de Jonge

De kleine zwervers

Wij zijn de kleine zwervers
Wij zwerven er op los
Wij zwermen uit en zwerven
Door open veld en bos
Wij zwervers blijven buiten
De strijd om het gewin
Ze kunnen naar ons fluiten
Wij stinken er niet in

Ik was al jong een zwerver
Die een hekel had aan thuis
Mijn vader en mijn moeder
Noemden mij Kleintje Odysseus
Al op mijn vierde vijfde
Liep ik alle dagen weg
Maar omdat ik aan een touw zat
Bleef ik steken in de heg

Ik kreeg een fiets waarvan ik
De trappers flink bewoog
Maar vader liet mij nog niet gaan
Hield mijn achterwiel omhoog
Hij bond me aan de tafelpoot
Bouwde om het huis een hek
Ik fietste door de spijlen
Met die tafel op mijn nek

Mijn ouders lieten mij niet gaan
Ik kreeg maanden huisarrest
Hen nam ik dat niet kwalijk
Aan het huis kreeg ik de pest
Ik pakte een doosje lucifers
Ik joeg de brand erin
Nu zwerven we al weer jaren
Met heel het huisgezin

Uit: Stroman & Trawanten (1984)
Muziek: Willem Breuker

De kleine zwervers revisited

Eens waren wij heel stout en
Dwars tegen de draad
Toen werden wij kabouters
Wij kwamen in de raad
Gedreven in kanalen
Weg van de rivier
Ze lieten ons verdwalen
In een molen van papier

Ik schopte tegen het leven
Ging als een gek tekeer
Maar het bleek mee te geven
Het bood geen weerstand meer
Dat hele ideale
Waarin ik had geloofd
Bleek niet meer dan verdwalen
In mijn eigen hoofd

Wij waren kleine zwervers
Wij zwierven erop los
Al onze dromen stierven
In open veld en bos
Ons restten de verhalen
Van hoe het kwam en ging
Je kunt alleen verdwalen
In je herinnering

Voor zwerven is ons land te klein
Het heeft geen enkele zin
Als je denkt dit is het einde
Dan sta je aan 't begin
Geen bergen en geen dalen
In dit vlakke koninkrijk
Wie kan er hier verdwalen
Op de Afsluitdijk

De infra is gestruktureerd
De route uitgezet
Als je denkt ik zit verkeerd

Ga dan naar een loket
Daar kun je alles halen
Meneer daar zijn we voor
Je kunt hier nog verdwalen
In de gang van een kantoor

Wij waren kleine zwervers
Wij zwierven erop los
Al onze dromen stierven
In open veld en bos
Wij moesten wat verzinnen
Toen ze vroegen naar de zin
Ze lokten ons naar binnen
En wij stonken er in

Ons resten de verhalen
Van hoe het kwam en ging
Je kunt alleen verdwalen
In je herinnering

Uit: Stroman & Trawanten (1984)
Muziek: Willem Breuker

De koe

De koe stond in de kudde
In de kudde stond de koe
Ze stond haar kop te schudden
Want ze was de kudde moe
De koe die zocht naar klaarheid
In het waar waarom waartoe
De koe zocht naar de waarheid
De waarheid als een koe

Ik kan alleen herkauwen
Ik zeg alleen maar *boe*
Ik wil mijzelf beschouwen
Ik wil naar binnen toe

De boer in zijn vestje kwatten
Dat is wat ik verlang
Mij bij de horens vatten
Wie weet dat ik hazen vang

De koe zocht de klokkenluier
Die wist waar de klepel hing
Ze voelde aan haar uier
Dat de boer weer aan haar tepels hing

De koe werd astrologe
Spiritueler met het uur
Begon langzaam uit te drogen
Zo ging de melk weg op den duur
Werd verstoten door de meesten
Wat dacht ze wel dat beest
Koeien geloven niet in geesten
Hooguit de kuddegeest

Je moet de kudde niet vermoeien
Met het hoe waarom en waar
Maar met kalveren en koeien
En de stier één keer per jaar
Je moet de kudde niet verbazen
Dan ben je half gaar
Dan nemen ze je te grazen
In het abattoir

Daar was de klokkenluier
Die wist waar de klepel hing
Ze voelde aan haar uier
Dat er een haak door haar tepel ging

Voor koeien mensen volken
Wordt sinds jaar en dag gedacht
Ze worden uitgemolken
Ze worden afgeslacht
Ze worden telkens luier
Meer en meer publiek
Ik word geen klokkenluier
Ik blijf een komiek

En laat dan de klok maar luiden
Want daar moet de klepel zijn
Maar blijf met je poten van mijn uier
Anders doen mijn tepels pijn
Bim bam bom
Wat zijn die koeien dom
Bam bom bim
Wat zijn wij mensen slim

Uit: De Komiek (1980)
Muziek: Clous van Mechelen

De komiek

Als je wilt weten wie alleen is
Kijk naar mij
Als vrijheid is alleen zijn
Ben ik vrij
Als een ballonvaarder
Gooi ik mijn ballast overboord
Zweef op eenzame hoogte
Een man alleen alleen een woord

Ik doe niet meer dan zij van mij verwachten
Ik wissel af als zon en maan een lach een traan
Zelfbeklag en een vrijblijvende gedachte
Wijde bogen om de plaats waar ik moet staan

Zit men verlegen om een praatje
Word ik genoemd
Als beroemdheid is van iedereen zijn
Ben ik beroemd
Van Goes tot Westernieland
Heeft men van mij gehoord
Ik sta op eenzame hoogte
Een man alleen alleen een woord

Mijn hoop bleek ijdel ik wou je wel bereiken

Ik geloofde in de strekking van mijn lied
Maar in mijn ijdelheid kon ik niet verder reiken
Jij zat daar ik stond hier ik haalde het niet

Ik denk na dus ik wil verder
Onweerstaanbare drang
Maar als bewustzijn consequenties vraagt
Dan word ik bang
Als een lastig kind
Schreeuw ik brand en moord
Kijk omhoog ik zie ze vliegen
Een man alleen alleen een woord

Ik wou zo graag ik moest zo nodig
Ik had zo'n last van iedereen
Mensen en dingen blijken overbodig
Ik kan alleen

Almaar zoeken naar de waarheid
Ik haat flauwekul
Als moralisten lullen zijn
Ben ik een lul
Een kosmonaut
Niet door de zwaartekracht gestoord
Ik zwets en wandel in de ruimte
Een man alleen alleen een woord

Uit: De Komiek (1980)
Muziek: Leo Cuypers

De koolmees

Als het koud is in de winter
Zit een koolmees op mijn tak
En dan trekt de felle vrieskou
Dwars door koolmeesjes verenpak
Ik hang dan pinda's aan een lijntje
En een flink stuk dik spekzwoerd

Zo wordt zij ondanks de koude
Kogelrond door mij gevoerd

Als de winter is vergangen
Wordt het onvermijdelijk mei
En dan legt mijn trouwe koolmees
Onherroepelijk een ei
Dat eitje moet een dankbetuiging
Voor mijn lijn met pinda's zijn
Daarom smaakt dat koolmeeseitje
Mij ieder jaar weer dubbelfijn

Manuscript (1972)

De kuil

Hij had zichzelf een kuil gegraven
Ogen vochtig vol verdriet
Handjes wroetend in de aarde
Want een schepje had hij niet
Hij had het hazepad gekozen
Maar waar moet een wees naar toe
In de aarde teruggekropen
Weerloos argeloos en moe

Op een foto in de krant
Een lege kuil met twee agenten
Probleem geklaard niets aan de hand
Na de winter volgt de lente
Twee agenten bij een kuil
En het tij zal nimmer keren
Men maakt niet graag zijn handen vuil
Maar is nooit te beroerd
Om te poseren

Verkleumd verstijfd en buiten zinnen
Trof men hem na uren aan
De mensheid moet opnieuw beginnen

Zei hij haast niet te verstaan
Wel ze gaan weer voor hem zorgen
De aarde van zijn broek geveegd
In een weeshuis opgeborgen
Wachten tot hij zelfmoord pleegt

Krijgt de vrede eens een kans
Bouwt men marmeren monumenten
De koningin legt er een krans
Geflankeerd door twee agenten
De agenten van die kuil
Buigen wachten salueren
Men maakt niet graag zijn handen vuil
Maar is nooit te beroerd
Om te poseren

Een kind gevonden of verloren
Wie vangt het op wie geeft het raad
Men dicht de kuil men wist de sporen
Een krant waait in een lege straat

Uit: VPRO-radio, Het bericht (1985)
Muziek: Henny Vrienten

De lopende band

De band kruipt traag door de fabriek
Je handen werken los van je gedachten
En in de nacht als je op dromen ligt te wachten
Dan gaan ze door
Je bent geen machine die je af kunt zetten
Maar ook geen mens
Misschien ben je wel een beest
Je weet niet eens of je nu moet pissen
Of net al bent geweest

Je vrouw ligt naast je in je bed
Je hebt haar sinds de laatste ruzie niet gesproken

Je kwam niet klaar je zou wat minder moeten roken
Je kwam lucht te kort
Hoelang is nou de eerste nacht geleden
Dat je zei *ik hou van jou*
Ik hou van jou het meest
Nu weet je niet eens of het weekend nog moet komen
Of alweer is geweest

De krant ligt ongelezen
Naast je stoel bij de TV ben je in slaap gevallen
Je telt de smoelen die om revolutie brallen
Je hoort ze niet het zegt je niets
En je durft niet in de krant te kijken
Omdat je bang bent bang dat je leest
Dat er niets dat er niets dat er niets
Meer zal veranderen
Dat alles is geweest

Je denkt dat je leven nog moet beginnen
Maar je bent er al geweest

Uit: Bloed aan de paal (1978)

De misstap van oom Daan

Ons blaadje was wat moe geworden
Van het hangen aan de tak
Zodat het donderdag verdorde
En vrijdag van de tak afbrak

Nu rust het uit op Moeder Aarde
Maar wat doet nu ome Daan
Die gaat met zijn overschoenen
Op ons dode blaadje staan

Een dag later moest oom Daan verscheiden
Niemand ontspringt de dodendans
Ook het blaadje kwam zijn eer bewijzen
Als deeltje van de dodenkrans

Zie je dus ooit een doodmoe blaadje
Ga er dan maar nooit op staan
De dood zit in een heel klein hoekje
Dat zie je maar aan ome Daan

Uit: LP Neerlands Hoop in Bange Dagen (1969)

De muur

Ik had geen enkel uitzicht meer
Mijn leven was verzand
Ik ging naar een zigeunerin
En toonde haar mijn rechterhand
De vrouw begon te beven
En raakte overstuur
Ze zei *in deze lijnen hier*
Zie ik een lange stenen muur

Een muur die dwars door het landschap gaat
Wel vijftien meter hoog
Waar hij begint of waar hij eindigt
Is onzichtbaar voor mijn oog
Toen gaf ik haar mijn linkerhand
Ze keek ernaar en zei
Ik zie een vogel in die hand
Die vogel legt een ei

De muur is je beperking
Het ei de vrede en het geluk
Als je in je handen knijpt
Dan gaat dat eitje stuk
Je moet zeven keer zeven jaren wachten
En dan om zeven uur
Krijgt het geluk zijn vleugels
Vliegt het uit boven de muur

Ik koesterde mijn linkerhand
Zes jaar ging snel voorbij

Tot iemand op die hand ging staan
Hij kraakte als een ei
De waarzegster was op de vlucht
Na een klacht van een cliënt
Ik had geen enkel uitzicht meer
Maar zelfs dat uitzicht went

De muur is je beperking
Het ei de vrede en het geluk
Als iemand op je ziel gaat staan
Dan is je leven stuk
Je moet zeven keer zeven jaren wachten
En dan om zeven uur
Krijgt het geluk zijn vleugels
Vliegt het uit boven de muur

De muur is de beschaving
Het ei is de natuur
De botsing is een kwelling
Die een mensenleven duurt
Dat is zeven keer zeven jaren wachten
Op zeven keer zeven uur
Ofwel je hele leven vechten
Met je rug tegen de muur

Uit: Ingenaaid of gebonden (1975)

De oude striptiseuse

Wie een beetje klok kan kijken
Kan aan die striptiseuse zien
Dat haar heupen op half zeven hangen
En haar voeten staan op tien voor tien
Vroeger dronk ze slechts champagne
Nu is het cola met een tic
Ze staat te schokken als een heiblok
Ze heeft na een slok al de hik

Toch danst ze weer die Tango Fatale
Zij wil beslist niet sterven in de goot
Daar komt ze op als Middeleeuwse ridder
Want ze wil als het kan in het harnas dood
Daar valt de stalen bustehouder
De busten gaan er achteraan
Geen houden aan
Ze ziet de lege zaal over haar schouder
En houdt het stalen slipje aan

Een face-lift kan ze niet betalen
Ze heeft lang geen opslag meer gehad
Maar als ze haar paardestaart flink strak trekt
Lijkt haar gezicht nog aardig glad
Ze heeft natuurlijk veel routine
Maar door die rauwe rokershoest
Is ze net een oude sexmachine
Waarvan het gleufje is verroest

Toch danst ze weer die Tango Fatale
Haar voetenwerk is nog geducht
In elk gehucht
Maar als ze vroeger met haar benen zwaaide
Dan gaf dat niet zo'n muffe lucht
Ze danst die tango zo moorddadig
Als ik haar in mijn armen houdt
Heb ik er geen seconde spijt van
Dat ik haar wettig heb getrouwd

Ze klapt voor mij als ik saxofoon speel
Ook harder dan ik eigenlijk verdien
Ik verdien niets
Ik houd van haar als van geen ander
En ik vind haar prachtig om te zien

Uit: Neerlands Hoop Express (1973)

De oude vrouw

De staartklok kwispelt door de tijd
De camera zoemt in op een raam
Er achter zit een oude vrouw
Die niemand kent ze heeft geen naam

In de kamer die neutraal is ingericht
Herkennen wij van vroeger nog een stoof
Ze ziet ons niet ze hoort ons niet
Ze is bijziend en doof

De koffie pruttelt op het theelichtje
Ze bladert in haar plaatjesboek
Ze is niet alleen de oude vrouw
Meneer Parkinson is op bezoek

Ze kan nog lezen in haar boek
Omdat haar handen net zo trillen als haar hoofd
Ze heeft geen pijn het oude mens
Meneer Reuma is tijdelijk verdoofd

Op het buffet leunt een vergeeld portret
Tegen een oude kaarsenstandaard aan
Het is een foto van haar man
Die met een vrouw die Kanker heet is meegegaan

Ze sluit het boek ze heeft het uit
Ze laat de handen rusten in de schoot
Ze verwacht bezoek de oude vrouw
Laat haar niet wachten Meneer Dood

Uit: Interieur (1976)

De parabel van olifant en parasiet

Dit is de parabel
Van olifant en parasiet
Of hoe een koe een haas vangt
En toch ook eigenlijk weer niet

Ergens in het grote oerwoud
Woont de zwarte olifant
En je kunt hem zo herkennen
Want hij heeft nog maar een tand
Een lange slurf en een klein staartje
Dichtbij hem komen is gewaagd
Maar hij gaat heus wel van je teen af
Als je het hem vriendelijk vraagt

Ergens op dat logge lichaam
Woont een eigenaardig beest
Waar je niet over kunt oordelen
Of je moet er zijn geweest
En dat beest dat vreet aan Jumbo
Het is begonnen bij de kop
Wil voor Kerstmis bij de staart zijn
En het schiet al lekker op

Maar de olifant zegt goedig
Tot die witte parasiet
Aan een lijf zo vol geladen
Mist men een twee kilo niet
Eigenlijk is hij heel gelukkig
En sinds gisteren verliefd
Want dat ding dat jeukt zo lekker
En helpt hem zo aan zijn gerief

De parasiet vindt het allang best
En zo vreet hij rustig door
Denkt als ik hem op heb
Verkoop ik zijn ivoor
Van dat geld ga ik stil leven
In een flat in Paragwee
En als het bedrag me meevalt
Neem ik ook mijn moeder mee

Maar de jagers die het zagen
Dachten bij zich zelf geen nood
Als die parasiet straks klaar is
Trappen wij hem lekker dood
Denk dus nooit als je iemand uitzuigt
Tjee wat ben ik origineel
Want zelfs van para-parasieten
Zijn er nog te veel

Uit: Neerlands Hoop in Bange Dagen (1969)

De pelgrim

Ik ben een pelgrim op gevoel
Die doorgaans doolt door dode straten
Voorgoed de veiligheid verlaten
Met slechts onzekerheid als doel

Ik ben een pelgrim in de tijd
Ik kruip langs vragende gezichten
Grint wringt zich tussen mijn gewrichten
Krimpend van pijn maar zonder spijt

Op weg ik laat de boel de boel
Met frisse moed en zonder doel
Niets doet er toe ik heb het sjeu
Het zoeken moe en het vinden beu

Ik ben een pelgrim van het woord
Die met hardnekkigheid van ketters
De leugen loochent en met letters
Een weg uitstippelt en ontspoort

Ik ben een pelgrim van de pen
Ik tuchtig mij met leren riemen
Kijk in de spiegel naar de striemen
En lees in spiegelschrift IK BEN

Ja maar waartoe of nergens naar
Maar weet niet hoe of zie wel waar
Fiets aan de hand een zee van tijd
Nul op verstand één richting kwijt

Uit: De Bedevaart (1985)
Muziek: Henny Vrienten

De schuldvraag

Geweten
Had ik het maar geweten
Dan had ik het wel geweten
Dan zou ik alles vergeten
Kennis is macht macht is schuld

Geheugen
Had ik het maar verloren
Dan was ik nu niet verloren
Werd ik steeds weer opnieuw geboren
Een zuigeling een kind kent geen schuld

Geduld
Had ik het maar geduld
Dan had ik het wel geduld
De leugen met liefde verhuld
Niemand kan leven met schuld

Vergeven
Dat kan haast niemand vergeven
Iedereen is godvergeven
Gehecht aan de schuld in dit leven
Wij zijn verslaafd aan de schuld

Schuld hebben wij allemaal aan elkaar
Dus matsen knipogen sjoemelen maar
De één doet het zwart en de ander staat rood
Schuld van je geboorte schuld tot dood

Vermogen
Had ik het maar vermogen
Wat zou ik dan niet vermogen
Ik kon al het onrecht gedogen
Had schijt aan de schepping en schuld

Gevangen
Had ik het maar gevangen
Dan zat ik nu niet gevangen
Naar vrijheid en rust te verlangen
Vier muren vier tralies van schuld

Gevaren
Was ik maar anders gevaren
Maar ik was jong ik zag geen gevaar en
Zit nu met mijn kont op de blaren
En wat doet er meer zeer dan schuld

Genieten
Kon ik het maar genieten
Dan was ik best te genieten
Nu kan ik het niet ik zit vast aan dit lied en
Kom niet veel verder dan schuld

Schuld hebben wij allemaal aan elkaar
Dus vergeven we en vergeten we maar
De één gaat vreemd de ander doet raar
Schuld hoe komen we daar ooit mee klaar

Gebonden
Had ik me maar nooit gebonden
Aan handen en voeten gebonden
Geen kant kan ik op dat is zonde
En zonde betekent uiteindelijk schuld

Verlegen
Was ik maar niet zo verlegen
Eerst moet ik een fles jenever legen
Dan kan ik weer overal tegen
Heb schijt aan verschoning van schuld

Verleden
Had ik het maar verleden
O liever was ik overleden
Dan zou het leed zijn geleden
In elk geval hier beneden geen schuld

Vermoorden
Kon ik mezelf maar vermoorden
Waarmee ik mijn wanhoop verwoordde
De schuld gaf aan wie hem behoorde
Dan zat de rest met de schuld

Schuld hebben wij allemaal aan elkaar
Dus rommelen regelen rotzooien maar
Dreigen met duivel schermen met God
Schuld een last voor je leven je lot

Uit: Stroman & Trawanten (1984)
Muziek: geen

De ster van Bethlehem

Op de stoep van het burgerweeshuis
Zit een triest en treurig kind
Het heeft behoefte aan een moeder
Die je niet in het weeshuis vindt
Ten einde raad is het weggelopen
Maar het durft nog niet zo ver
Op de stoep zit het te kleumen
En te kijken naar die ster

In een oude grachtenwoning
Zit een moeder met haar hond
En ze denkt aan haar zoon Govert
Die niet weerkeert van het front
Ze wil wel naar hem toegaan
Maar het front dat is zo ver
Nu kijkt ze uit het venster
Naar die flonkerende ster

Al zijn dat kind en deze moeder
Van elkander nog zo ver
Toch zijn zij tesaam verbonden
Door die ene heldere ster
Want die ster zal tot hen spreken
Ook al heeft die ster geen stem
Het is de ster die hen zal leiden
Tot het kind van Bethlehem

Uit: LP Neerlands Hoop in Panama (1971)

De tol van de roem

Ik stond gekweld aan de reling
Onder mij lag de ruwe zee
Ik had geen ruimte meer geen speling
Ik moest van boord ik wou niet meer mee
Ik voelde een hand op mijn schouder
Ik keek om daar stond een man
Hij leek op mij maar was veel ouder
En zei *ik weet waarom je niet meer kan*

*Jij bleef op twee gedachten hinken
En wie zo voor de golf uit rent
Die is te traag en zal verdrinken
Je moet ze tonen wie je bent*

*In het dal van de tranen met tuitenberg
Ligt een man die de top wou bereiken
Zo dood als een pier en men zei hem nog zo
Dat hij nooit naar beneden mocht kijken*

*Wie omkijkt mijn vriend op weg naar de top
Die zal zijn doel nooit bereiken
Hij wordt misselijk van de hoogtevrees
Heimwee en de stank van lijken*

Ik heb zei ik toen *op de top van de berg*

Mijn leven gewaagd om dit te bereiken
Wat heb je er aan de winnaar te zijn
Als je niet naar de verliezer mag kijken

Niet lullen mijn vriend dit is de top
Die heb je zo graag willen halen
En dat je die vreugde niet delen kunt
Is de tol die je moet betalen

Het is de tol van de roem
Dat de schoen altijd wringt
Je praat niet met proleten
Terwijl je wel voor ze zingt
Dat is de tol van de roem
Je kan doen wat je wil
Want de worm in de appel
Zie je niet aan de schil

Ik sta gekweld aan de reling
Pal voor mij ligt de donkere zaal
Ik breek voor twee uur de verveling
Eén glimlach in het tranendal
Ik geef geen hand meer maar een vinger
Ik zal je leiden wees niet bang
Ik zal voor je dansen voor je zingen
Maar lekker blijft een vinger lang

Dat is de tol van de roem
En dat doet me verdriet
Want ik wilde mezelf zijn
Aan het eind van dit lied
Dat is de tol van de roem
En die krans bij mijn dood
Die mag je houden
Want ik was niet zo groot

Uit: Interieur (1976)

De trekhond en de lucht

De trekhond trok een kar voort
Uit doodsangst voor de zweep
Met in zijn achterhoofd één ideaal
Te ontsnappen aan de greep
Niet langer aan het lijntje
Van discipline en tucht
Niet achter die hengel met de worst aan
Hij wou meer dan alleen de lucht

De lucht de lucht de lucht

Hij kwam een windhond tegen
Die zei *ik heb een baan*
Mijn baas die laat een haas los
En ik er achteraan
Dat wou de trekhond ook proberen
En hij weerde zich geducht
Maar aan het einde van elke wedren
Restte hem slechts de lucht

De lucht de lucht de lucht

Toen kwam hij een schoothond tegen
Met een jasje om haar buik
Die zei *je moest eens weten*
Wat ik alle dagen ruik
Hij kwam bij een bazin terecht
Maar sloeg spoorslags op de vlucht
Haar schoot was hard en benig
Los nog van de lucht

De lucht de lucht de lucht

Toen wou hij jachthond worden
Omdat zo'n hond hem had verteld
Dat je pas hoefde te jagen
Als de prooi al was geveld
Hij trof een slechte jager
En stelde met een zucht

Ik moet die baas wel laten schieten
Want hij raakt alleen de lucht

De lucht de lucht de lucht

Toen werd hij een arme straathond
Altijd honger altijd dorst
Hunkerend naar wat discipline
Smachtend naar de lucht van worst
Valt er voor een mens nog wat te leren
Uit deze dolle hondenklucht
Ja, het is overal hetzelfde:
Wat je najaagt is de lucht

De lucht de lucht de lucht

Uit: De Openbaring (1982)
Muziek: Freek de Jonge

De tijd

Ik heb mij in de loop der jaren
Van vele angsten voor de ziel bevrijd
Maar één ding kan ik niet beredeneren
Begin en einde kortom de tijd

De tijd beperkt mijn doorzicht
De tijd beperkt mijn geest
Ik kan niet terug kan niet vooruit
Komt nog is al geweest

Ik probeer de tijd te doden
Sneller dan geluid en licht
Ik moet meegaan met de mode
Red niet mijzelf red mijn gezicht

Ik ben een fase in de evolutie
Ik kan niet veel meer dan een aap

Ik heb geschreeuwd om revolutie
Maar ik werd wakker uit mijn slaap

Ik kan spreken zien en horen
Toch voel ik mij stom blind en doof
Zit tussen aap in en nog niet geboren
Geloof dat ik denk dat ik dat geloof

Ik zeg de tijd zal alle wonden helen
Alles is al eens gezegd
Weerleg het maar kan mij niet schelen
Alles is al eens weerlegd

Ik kan niets beginnen niets voltooien
Ben beperkt verstrikt door strijd
Met wie ik ben moet ik het rooien
Ik ben op zoek geef mij de tijd

Uit: De Komiek (1980)
Muziek: Jaap Fischer

De uren waarin niets gebeurt

Geeuwend word ik op een morgen wakker
En zie die man weer voor me uit mijn droom
Een neger uitgemergeld ziek een stakker
Mijn schuld denk ik en draai me om
Als ik mijn puzzeltje zit op te lossen
Zie ik diezelfde neger weer nu op de tv
Hij laat zich door een blanke man afrossen
Ik zoek een wapen een wapen met een p
De revolutie is van de reclame
Het onderwijs van het gezag het houdt me dom
Als God niet dood is zegt hij ja en amen
Pistool denk ik en draai me om

De uren waarin niets gebeurt
Zullen jaren van mijn leven zijn

Zie ik een ruzie bij de buren
Sluit ik mijn ogen het gordijn
Hoor ik mijn zwart-wit televisie
Die weer over vrede zeurt
Sluit ik mijn oren dood de uren
Uren waarin niets gebeurt

Eens kon je door de televisie aan te zetten
Het gevoel krijgen dat het er van kwam
Ik zat met mijn vriendin wat te kwartetten
Toen ik hoorde Portugal Vietnam
Maar het was het spel van een paar heren
Met mij is er in feite niets gebeurd
Ik zag mijn vrienden demonstreren
Zij sloegen bressen in de sleur
Voor ik het wist was ik een vader
Ik dook veel te vroeg bij haar in bed
Heb ik mijn vrienden of zij mij verraden
Nog één kind dan heb ik een kwartet

Nu zit ik geeuwend thuis de tijd te doden
Speel monopoly poker en patience
Ik vul moegespeeld de leegte met de mode
Ik pak een tientje want wat heb je aan een kans
Zolang ik speel hoef je op mij niet te letten
Ik weet van niets ik lees niet eens de krant
Ik hoef thuis maar de tv af te zetten
En er is niets meer met de wereld aan de hand
De kaarten zijn geschud ik ben de joker
Dat is het noodlot daar leg ik mij bij neer
Omdat er altijd wel iemand is met poker
Als ik zit met carré azen en een heer

De uren waarin niets gebeurt
Zullen jaren van mijn leven zijn
Zie ik een ruzie bij de buren
Sluit ik mijn ogen het gordijn
Hoor ik mijn kleurentelevisie
Die weer over vrede zeurt
Sluit ik mijn oren dood de uren
Uren waarin niets gebeurt

Ik was een kind
Ik kreeg een horloge
Maar ik kon niet klokkijken
Ik was een man
Ik keek op mijn horloge
En ik zag dat ik voort moest maken
Ik was een vrouw
Ik keek op mijn horloge
En ik zag dat ik achter liep
Ik was oud
Ik keek op mijn horloge
En ik zag dat ik stil stond
Ik was God ik wist al lang hoe laat het was

Uit: Interieur (1975)

De vlinder en de bloem

Ik wil u het verhaal vertellen
Van de vlinder en de bloem
Want de bloem die kon niet spreken
En de vlinder zei *zoem zoem*

Al weken stond ons bloempje
In haar bed in het plantsoen
Het voelde zich zo eenzaam
Maar het kon er niets aan doen
Het had geen stem om mee te zeggen
Dat het eenzaam was
En geen arm om mee te wenken
Kom bij mij hier tussen het gras

Op een dag kwam er een vlinder
En u weet wat vlinders doen
Beetje vliegen beetje kijken
Wat er te koop is in het plantsoen
En de bloem ze zag de vlinder
Wilde roepen *kom bij mij*

Maar een bloem die kan niet spreken
Dus de vlinder vloog voorbij

De vlinder was wat moe geworden
Van dat vliegen in het plantsoen
Toen ging hij even rusten
Ach u weet wat vlinders doen
Op het topje van een grasspriet
Keek hij in het wilde weg in het rond
Tot hij daar opeens de bloem zag
Die er mooi te wezen stond

De vlinder kon zich niet beheersen
Ach u weet wat vlinders doen
Hij fladderde naar de bloem toe
Lipjes tuitend voor een zoen
Hij daalde teder in haar kelk af
Zei *ik weet niet wat ik ruik*
De bloem kon haar gemoed niet luchten
Maar dacht ik heb een vlinder in mijn buik

Doch een vlinder hoeft geen woorden
Ach u weet hoe vlinders zijn
Hij zoemde *bij jou wil ik blijven*
O mijn bloeme mijn
Ik zal je meeldraden vertroetelen
Tot dit bed is volgepropt
De bloem die hem nog als rups gekend had
Dacht hij heeft zich leuk ontpopt

Eeuwig geluk scheen hen beschoren
In het eenvoudige plantsoen
Maar het verhaal zal triest verlopen
Want u weet wat bloemen doen
Toen het avond was geworden
En de bloem zich sloot
Kneep ze met haar sterke kelkje
De tere vlinder dood

Een traan rolde langs haar stengel
Maar er was niets meer aan te doen
En vanaf die trieste avond

Weten de vlinders in het plantsoen
Je moet van bloemen houden
Zolang het dag zal zijn
Maar des avonds moet je weggaan
Anders knijpen ze je fijn

Uit: Neerlands Hoop in Bange Dagen (1968)

De wachttoren

Waarom moet er een uitweg zijn
Zei de clown tegen de bard
De tijden mogen anders zijn
Ze blijven flink verward
Zakenlui drinken wijn
Boeren ploegen voort
En jij die God geloochend hebt
Rammelt aan de hemelpoort

Geen reden om je op te winden
Sprak de bard op kalme toon
Het leven is geen lolletje
Dat zie je aan Gods zoon
Ook Hij ontkwam niet aan zijn lot
Het gaat zoals het gaat
Wie de wereld wil verbeteren
Wordt gekruisigd vroeg of laat

Dus schaar je rond de wachttoren
De prinses houdt er de wacht
Iedereen kan Judas zijn
In deze heksenjacht
Buiten in de verte
Houdt het geweeklaag aan
En overal ter wereld
Stroomt onschuld uit de kraan

Uit: De Tragiek (1980)
Muziek: Bob Dylan. Bewerking van All Along the Watchtower

De wals van het als

Dit is de wals
De wals van het als
Als niet mijn vader
Als niet mijn moeder
Als niet mijn vader
Met mijn moeder
Dan was ik onherkenbaar geweest
Dan was ik nu ontembaar geweest

Dit is de wals
Van ja maar en als
Ja maar de meester
Als de pastoor
Niet halt had geroepen
Liep ik nog door
Ach was ik toen onrembaar geweest
Dan was ik nu ontembaar geweest

Dan schuimde ik door straten
Onuitstaanbaar uitgelaten
Omringd door mooie wijven
De hele dag een stijve
Boord was niets voor mij
Ik zocht geen plaatsje in de rij
Een man een man
Een wals een wals
Zou ik geweest zijn als

Niet mijn vader
Zeeuw was geweest
Of als mijn moeder
Leeuw was geweest
En dan die Zeeuw
Met die leeuw was geweest
De meester vaker ziek was geweest
Als de pastoor niet katholiek was geweest

Dan schuimde ik door straten
Onuitstaanbaar uitgelaten

Ik hield de kroegen open
De hele dag bezopen
Lopen in het gareel
Een seconde was mij al teveel
Een man een man
Een wals een wals
Zou ik geweest zijn als

Als het kanaal
Rivier was geweest
Moeder geen maagd
Maar een stier was geweest

Uit: De Bedevaart (1985)
Muziek: Henny Vrienten

De zoon van visser Kwakman

In het kleine vissersdorpje
Aan de oude Lange Kaa
Wacht de zoon van visser Kwakman
Op de terugkeer van zijn pa
Hij kijkt halsreikend naar de einder
Van het grijze IJsselmeer
En gelijk een sneeuwvlok op een molshoop
Daalt de winteravond neer

Overmorgen is het Kerstmis
En pa moet zingen in het koor
Wat zit je daar te kleumen Klaasje
Klinkt plots de stem van de pastoor
Ik wacht op vader die is vissen
Met Kerstmis is hij altijd thuis
Dan moet jij maar op God vertrouwen
Zegt de pastoor en slaat een kruis

Maar het is nu al half negen
En er is nog geen mast te zien

Terwijl de knaap zit te vertrouwen
Wordt het ongemerkt half tien
Buiten wordt het almaar kouder
Ja zijn neus bevriest zowat
Dan schiet hem opeens te binnen
Als ik eens tot Jezus bad

Devoot vouwt hij de verkleumde knuistjes
En vraagt *Heer Jezus is mijn vader ver*
Dronken of nog aan het vissen
Dan opeens ziet hij een ster
Kijk in die ster dat is een spiegel
Klinkt er een onbekende stem
Hij kijkt omhoog en ziet zijn vader
Voor op het schip die zwaait naar hem

Dit wordt de vissersknaap te machtig
Hij rent naar huis naar moeder toe
Onkundig om een woord te zeggen
Wees maar gerust troost hem zijn moe
En eindelijk na een mok anijsmelk
Komt de knaap weer wat bij stem
Struik'lend over zijn tong zegt hij
. . . Ik zag de ster van Bethlehem

En in die ster zag ik ons vader
Zwaaiend op de voorplecht staan
Ja dat zag ik weet nu zeker
Die komt overmorgen aan
Moeder brengt de knaap naar boven
En legt hem koesterend op één oor
En inderdaad ontbreekt Kerstavond
Kwakman niet in het mannenkoor

Laat ons kinderen hieruit leren
Te vertrouwen op díe Ster
Want daarin zie je steeds je Vader
Ook al is hij nog zo ver

Uit: De Openbaring (1982)
Muziek: geen

De zuster van oom Jozef

De vrouw die al drie weken zat te wachten
Tot iemand haar kon helpen op te staan
Om naar de wc te gaan
Werd het wachten moe
Zij sloot de ogen en ging dood
Maar veel mocht dat niet baten
Men liet haar nog drie weken wachten
Eer iemand op de gedachte kwam
Dat ze best thuis zou kunnen zijn
En niet ergens anders
Wat men aanvankelijk verwachtte

En de onthutste buren
Troffen haar aan
In vergaande staat van verrotting
En gaven de schuld aan de familie
Waarvan nog één lid in leven was

Dat was oom Jozef
In 1949 weggepromoveerd door de Belgische
Heidemaatschappij naar de Kongo
Oom Jozef was sinds drie jaar vijfentachtig
Oom Jozef stond op het punt zich te bekeren
Tot het plaatselijk geloof
Gebaseerd op een oude fabel van La Fontaine
In 1913 doorverteld door Albert Schweitzer
Op doorreis naar Lambarene

Toen oom Jozef
Evenzoveel weken later
Het sterfbericht ontving
Nam hij uit piëteit de tropenhelm af
Kreeg een zonnesteek
En overleed twee uur later

Een nieuw Afrikaans record

Wie is de drager van het wereldrecord
Het wereldrecord het wereldrecord

Wie is de drager van het wereldrecord
Draagt hij links of draagt hij rechts
Draagt hij links of draagt hij rechts

Uit: Neerlands Hoop in Panama (1971)

De zwerver

Jarenlang had hij gezworven
Daar waar de wind hem bracht
Hij was tot op de draad bedorven
Geen wet of hij had haar verkracht
Hij dronk meestal van een ander
De een na de andere jenever
Om dan tot slot als dank
Te kotsen op de gever

Maar al was hij dan een loeder
Met een vuile vinger na te wijzen
Hij hield nog van zijn moeder
En dat was in hem te prijzen

Zelfs heilsoldaten spraken schande
Maar dat hielp geen zier
Hem legde je niet aan contrabande
Met een spreuk uit een brevier
Hij sliep meestal bij een ander
Kwam zonder woorden tot daden
Liet dan tot slot als dank
Een kind de luis de maden

Je kunt op dat slag gaan schelden
Ze met een vuile vinger na staan wijzen
In de oorlog zijn het helden
En dat is in ze te prijzen

Hij stierf zoals hij leefde
Zijn laatste adem was een vloek

Waarvan de aarde beefde
Tot in de verste hoek
Hij werd begraven bij een ander
Die werd verzocht wat op te schuiven
Die kreeg daarvoor als dank
Bezoeken van de duivel

In zijn zerk wist men te kerven
Kijk hier levende wijzen
Hier wist een man te sterven
En dat was in hem te prijzen

Uit: Neerlands Hoop in Bange Dagen (1969)

Demokratie

Demokratie is een oud vrouwtje
Dacht ik zoekend naar een beeld
Links is zij rood aangelopen
Aan de rechterkant vergeeld
Toen ze lang geleden jong was
Was ze een veel begeerde bruid
Ze had links en rechts verkering
Maar die ging vaak voortijdig uit

Ik zie het oude vrouwtje lopen
Met een stok over de straat
Geen controle meer op kringspier
Waardoor ze almaar windjes laat
Mensen halen hun neus op
Vinden dat ze stinkt
Zij loopt kreupel verder
Daar ze op twee gedachten hinkt

De oude vrouw wil oversteken
Geluk ligt aan de overkant
Maar wat ze ook met haar stok zwaait
Niemand pakt haar bij de hand

Mensen lopen langs haar heen
Verkeer rijdt door door rood
Als niemand haar gaat helpen
Loopt dat oude vrouwtje dood

Daar komt een jongeman aan
Kloek marcherend niet bedeesd
Je voelt die gaat haar helpen
Die is padvinder geweest
Maar als hij heel dicht bij haar is
Staat hij plotseling stil
Het lijkt of wat hij net van plan was
Opeens niet meer zo nodig wil

Schichtig kijkt hij om zich heen
Trekt hand door schuine lok
Dan loopt hij op het vrouwtje toe
Pakt resoluut haar stok
Schopt haar benen onderuit
De stok beukt op haar rug
Ik wou dat ik wat doen kon
Maar God wat gaat het vlug

De oude vrouw bloedt langzaam dood
Onder de slagen van het beest
En ik eerst nog denken
Die is padvinder geweest
Mensen lopen langs haar heen
Verkeer rijdt door door rood
Ik dacht hij gaat haar helpen
Wist niet van wal in sloot

Die jongeman is het fascisme
En hij is nooit alleen
Als ratten in riolen
Woekert het gajes om hem heen
Zie je dus ooit dat oude vrouwtje
Pak dan snel haar hand
Want als het aan die jongen ligt
Haalt ze nooit de overkant

Uit: Stroman & Trawanten (1984)
Muziek: Willem Breuker

Doe de ballenkneller

Ik was vroeger wat betreft de vrouwtjes
Niet altijd één brok zelfverzekerdheid
Tot een vriend wiens tandpasta ik al gebruikte
Me zei *de broeken die je draagt zijn veel te wijd*
Ik liet mij door een spijkerbroekenhomo
Een broek insjorren met perfecte pas
En die zei dat hij nog passender zou worden
Als ik hem mee zou soppen in de witte was
Het resultaat was werkelijk oogverblindend
De door de was zopas gebleekte broek bleek reuze nauw
Maar moe die in de witte was haar reus deed
Vroeg *hoe komt die witte reus zo blauw*

Oooo hij komt uit Paramaribo
Oooo de ballenkneller doe je zo

Ik kon haast niet wachten tot het weekend
Daar hing mijn broek de sleutel tot de min
Zaterdag zou ik er in uitgaan
Ik moest er alleen nog even in
Het was zover ik stond in mijn slipje
Met vaseline op de dijtjes voor de glij
Ik joeg mijn rechterbeen de rechterpijp door
Maar bleef al steken met mijn enkel bij de dij
Denkend aan de te versieren schoonheid
Trok ik mijn rechterbeen de rechterpijp door met geweld
Zodat ik geen gevoel meer in mijn rechtervoet had
Nu die van bloedtoevoer was afgekneld

Oooo hij komt uit Paramaribo
Oooo de ballenkneller doe je zo

Om ook mijn linkerbeen erin te krijgen
Moest ik even met een voetje van de vloer
Ik trapte zo op één been steppend
Op een vergeten rolschaats van mijn broer
Toen mijn linkervoet zonder gevoel en bloed zat
Hoorde ik de stemmen van mijn vrienden buiten al
In paniek dacht ik waar laat ik nu mijn scrotum

Naar links naar rechts of aan elke kant een bal
Ik dacht tot slot ik laat het lot beslissen
Zoals ik meestal de beslissing aan een ander laat
Ik trok uit alle macht de rits naar boven
En mijn ballen schoten richting billennaad

Oooo het was al veel te laat
Oooo beide ballen richting billennaad

Nu moest ik nog even in het schoeisel
Maar helaas de schoenlepel was zoek
Bukte voorover om te helpen met mijn vinger
En stond in één klap in mijn onderbroek
Opgelucht trok ik mijn ouwe broek aan
Als een kampeerder die mag slapen in een legertent
Mijn vrienden belden vroegen of ik met ze meeging
Vanavond niet zei ik *ik ben impotent*

Oooo ik ben al jaren impotent
Oooo alles went

Uit: Interieur (1976)

Dood kind

Als een blad van een boom valt
Kijkt niemand op of om
Een boom een blad ach wat
Een speelbal van de wind
Maar nu valt geen blad
Geen boom zelfs
Nee nu valt een kind

Als een bom op een dorp valt
Veert iedereen boos op
Om uitgebreid te melden
Wat hij er van vindt
Nu valt een stilte

Geen bom valt
Nee nu valt een kind

Ach God hou me staande
Ach God anders val ik om
Zeg me God waar ik je vind
Ach God hij was drie maanden
Ach God hij huilde soms
Ach God ben jij dat kind

Sprakeloze mensen kijken
Zwijgend naar een kistje
Van spaanplaat met fineer
Dat schommelend wegzakt
In de betraande aarde
Een kind niet meer

Geen schuld treft hen
Maar ze zijn gedoemd
De moeder wankelt
De vader houdt zich groot
Hij denkt had ik
Mijn kind maar God genoemd
Dan had ik kunnen zeggen
God is dood

Uit: Manuscript De Komiek (1980)
Muziek: geen

Douairières

Ik ken bendes douairières
Met een doodgewone bips
Maar de gedverderrière van mijn tante
Is nog krakender dan chips

In haar rok kun je kamperen
Met een heel padvinderskamp

Al zal de hopman wel kreperen
Van de hitte en de kramp

Mag ik u fouilleren
Vroeg een schalkse douanier
Maar natuurlijk zei de douairière
En neem al je collega's mee

Ze werkte bij de Folies Bergère
Maar lang duurde dat niet
Want ze kostte zoveel vèren
Daaraan ging de zaak failliet

Uit: Neerlands Hoop in Bange Dagen (1969)

Een dagje ouder

Zeven jongens bij mij thuis
En hij leve lang
Zo zingen ze voorbarig
Ik pak het eerste pakje uit
Het is een tol
Ja ik ben jarig

Weer een jaar ouder
En mijn hoofd zit boordevol
Met wat ik nog niet kan en ken
Wacht maar zeg ik tegen de tol
Wacht maar tot ik eenmaal ouder ben

Zeven pond leven krijst zich warm
Een kontje in mijn hand
Een kopje op mijn schouder
Ik draag een baby op mijn arm
Mijn eerste kind
Nu ben ik ouder

Nu ben ik ouder
Maar zo onzeker als de wind
Ik weet van niets ben groen als gras
Het ware beter voor dat kind
Als ik wist wat ouder worden was

Ik speel toneel ik speel de vader
Ik faal en heb succes met deze dubbelrol
Iedereen lacht het huilen staat mij nader
Niets is cadeau zelfs ik betaal de tol
Ik geef niet toe en ik zal doorgaan
Zie elke dag opnieuw als een belevenis
Ik stap opzij de jeugd mag voorgaan
Als ik weet wat ouder worden is

Zeven mensen aan mijn bed
De dokter vraagt
Of ik het nog benauwd heb
Ik schud van nee
Dat gaat nog net
Ik voel me ouder

Ik voel me ouder
Nog zo onzeker als de wind
Mijn hoofd hangt slap het hart doet pijn
Wind je niet op fluistert een kind
Ik denk zou dit ouder worden zijn

Zevenhonderd mensen in de zaal
En ik op het toneel
Het kan haast niet vertrouwder
Ik zie u zitten allemaal
Wat kaal en grijs
Een dagje ouder

Een dagje ouder
Maar jong van binnen en vitaal
Naar de hel met het woordje kras
Dat zijn woorden uit een taal
Die niet wist wat ouder worden was

Het lijf wordt stram de haren grijzer

Ik word later wakker en ben vroeger moe
Wie ouder wordt zeggen ze wordt wijzer
Wijzen ik zou niet weten waar naar toe
Ik geef niet op ik wil nog doorgaan
Ik zie nog elke dag als een belevenis
Ik stap opzij de jeugd mag voorgaan
Als ik weet wat ouder worden is

Uit: De Pretentie (1987)
Muziek: geen

Een haartje

Jij zult me altijd blijven volgen
Soms sla ik voor jou op de vlucht
Maar ver nee ver zal ik nooit komen
Jouw speurneus heeft mijn lucht

Jij zult altijd voor me zorgen
Soms ben ik een ondankbaar beest
Dat altijd terug verlangt naar gisteren
Voor jou is het morgen ook weer feest

Ik zal altijd altijd van je houden
Maar mijn liefde is verdeeld
En mocht jij niet de ware zijn
Het heeft niet veel gescheeld

Uit: Manuscript (1979)
Muziek: geen

Een lied voor jou

Dit is een lied voor jou minister
En voor je politieke vrienden
Het is geschreven door je vrouw
Met de pen die jij verdiende

Dit is een lied voor jou zakenman
Je effectieve obligaties
Het is geschreven door je vrouw
Met de pen van jouw relaties

Dit is een lied voor jou atleet
En voor je tiendes van seconden
Het is geschreven door je vrouw
Ze ligt op meer dan twintig ronden

Dit is een lied voor jou demonstrant
En voor je felle borden
Het is geschreven door je pa
Wat is er van zijn zoon geworden

Dit lied is eigenlijk voor iedereen
Die het maar wil horen
Geschreven door ik weet niet wie
Zijn naam ging in het rumoer verloren

Kom uit je glazen huisje
Want de ramen zijn beslagen
Kom gerust naar buiten
Ik zal je echt niks vragen
Ik zal je alleen maar zeggen
Dat je nu bij ons moet blijven
Je moet niet langer je naam
Op beslagen ramen schrijven

Kom uit je ivoren toren
Je moet niet naar beneden kijken
De mensen en de dingen
Ze zijn echt groter dan ze lijken
Hier heb je een zakdoek

Veeg de damp maar van je glazen
Je moet niet langer je naam
Van een ivoren toren blazen

Eigenlijk is dit het lied
Van een vrouw aan haar beminde
Maar hij is er vanavond niet
Zij zal hem nergens vinden

Uit: Neerlands Hoop in Bange Dagen (1969)

Eén mei

Hij overdenkt bij het raam zijn oude idealen
Er trekt een stoet oranje feestvierders voorbij
Hij neuriet binnenin de Internationale
Eén mei zegt hij hardop tegen het raam één mei

Een leven lang had hij het socialisme uitgedragen
Ze kenden hem niet anders Rooie Kees
Nu rijdt hij lijdzaam in een invalidewagen
Een zuster duwt hem wijl hij trekt van Drees

Hij ziet zichzelf die eerste keer weer lopen
Verworpene der aarde nog niet zo lang ontwaakt
Geen geld om een passend attribuut te kopen
Van rood papier had hij een vlag gemaakt

En het was uit nu niet meer dralen
Zozeer was hij bezeten van de laatste ruk
Dat hij zijn leven door gebeurtenissen liet bepalen
Waardoor hij nooit was toegekomen aan geluk

De revolutie bleek helaas niet haalbaar
Het was of de massa het nut er niet van zag
De welvaart werd te snel voor iedereen betaalbaar
Eén mei kater van koninginnedag

Hij overdenkt bij het raam zijn oude idealen
Smeulend morgenrood in Huize Avondlicht
De dag van de arbeid niemand komt hem halen
Hij is alleen en voor het kapitaal gezwicht

Uit: VARA-radio, 1 mei 1985
Muziek: geen

Een vrouw alleen

Ik zit hier maar te zitten in mijn woning
Muren komen op mij af
Muren vol herinneringen
Aan hem om wie ik alles gaf
Hem hoefde ik niks uit te leggen
Mij begreep hij ook meteen
Ik hoor hem vlak voordat hij stierf nog zeggen
Lieveling blijf niet te lang alleen

Misschien moet ik naar andere landen
Zwerven gaan op zoek naar hem
Mijn lichaam vraagt om andere handen
Mijn hoofd verlangt een andere stem
Ik zou zo graag de wonden helen
Waar moet ik met mijn liefde heen
Ik zou zo graag mijn leven delen
Wat moet een mens
Een vrouw alleen

Ik hoor ze achter me wel praten
Mannen aan de bar in het café
Als er maar een gat in zit zo gaat het
En schatje ga je even met me mee
Die rotkop leg je toch gewoon een krant op
Benen leg je op den duur opzij
Het is net of je hem in een lekke band stopt
Zo praten ze daar over mij

Misschien moet ik naar andere landen
Zwerven gaan op zoek naar hem
Mijn lichaam vraagt om andere handen
Mijn hoofd verlangt een andere stem
Ik zou zo graag de wonden helen
Waar moet ik met mijn liefde heen
Ik zou zo graag mijn leven delen
Wat moet een vrouw
Een mens alleen

Uit: De Tragiek (1980)
Muziek: Clous van Mechelen

Eens zal het licht hier schijnen

Sinds wij het paradijs verloren
Doodt men de tijd zonder geduld
Bouwt naar de hemel aan een toren
Verward door taal verlamd door schuld
Eens zal het licht hier schijnen
Van oost tot west van zuid tot noord
De grenzen van de taal verdwijnen
Eens verstomt het woord

Men probeert ons te behoeden
Wie onderaan staat valt niet diep
Doet ons geloven in het vaag vermoeden
Dat iemand ooit op het water liep
Eens zal het licht hier schijnen
Van west tot oost van noord tot zuid
Dan zullen schaduwen verdwijnen
Eens kom ik hier uit

Er zijn er die vooruitgang preken
Niet tot toegeven bereid
Er zijn er die om stilstand smeken
Op zoek naar vrede in hun tijd
Eens zal het licht hier schijnen

Van oost tot west van zuid tot noord
Dan smelten tralies breken lijnen
Zolang ga ik voort

Uit: De Mythe (1982)
Muziek: Bob Dylan. Bewerking van I shall be released

Ego Ludens

Ik heb zolang mijn angst bezworen
Ik dacht zolang het komt wel goed
Ik blies mijn twijfel van de toren
En ieder die het wilde horen
Verwarde dat geschreeuw met moed

Ik mis de moed der martelaren
Speel in de schaduw van het schavot
Breng daar emoties tot bedaren
Verwar probeer weer te verklaren
Verwerp hem die ik zoek mijn God

Ik ben een balling in Bolivia
Dictator in Peru
Een sportman in Zuid-Afrika
Loop naar het front van elke oorlog toe
Ik ben een dealer op Ibiza
Een junk in Amsterdam
Een souteneur in New Orleans
Een GI-hoer in Vietnam

Ik zit gevangen binnen grenzen wetten normen
Neem genoegen met een afgeknepen geest
Gevangene bewaker reactionair hervormer
Beeldhouwer beeldenstormer
Is wat ik nog moet worden of al ben geweest

De vraag blijft van wie is het land het water
Van wie de vissen in de zee de vogels in de lucht

Wie zegt dat als je nergens voor wilt vechten
Je een lafaard bent voor het leven op de vlucht
Wie heeft hier het recht van oordeel
Op wiens moraal loopt alle streven stuk
Ik voel me omringd door junkies en door dealers
Leed heet de verslaving schuldgevoel de drug

Vandaag een clown op televisie
Morgen een visser op de Sont
Overmorgen Paus te Rome
De wereld kussend op de mond
Los van wetten normen grenzen
Geen oordeel en geen voordeel
Alleen mijn God omringd door mensen
In de schaduw van het schavot ik speel

Uit: De Mythe (1983)
Muziek: geen

Elektrisch levenslicht

De sfeer met Kerstmis is devoot
Wij denken dan aan vrede
Of aan een familielid
Dat is overleden

Als een neger honger heeft
Lijkt zijn lijf veel bloter
Als je in een kerstbal kijkt
Lijkt je neus veel groter

In Engeland eet men met Kerst
Doorgaans een plumpudding
Krijg je de kerstboom op je kop
Heb je een hersenschudding

Uitgebracht op single (1969)

Elsje

Elsje moet naar Hopsi Topsi-land
Want vader gaat met moeder op vakantie
Ze zeggen dat het leuker is voor Els
Als zij niet meegaat naar het vreemde land
Maar hier gaat spelen
Met de vriendjes van haar eigen leeftijd

Nu is er een week voorbij
En het is nog steeds niet leuk geworden
Alle meisjes spelen met de jongens
En ik speel met mijn pop
Ik krijg haast elke dag een kaart
Van moeder uit het vreemde land
Ik heb al één keer teruggeschreven
Heus niet dat ik heimwee had

Elsje zit in Hopsi Topsi-land
En als ze niet wil eten komt er een meneer
Die zegt dat eten beter is voor Els
Dan met een lege maag naar bed toe gaan
En dat haar moeder daardoor toch niet eerder komt
Dan afgesproken is

Weer is er een week voorbij
En nu nog zeven nachtjes slapen
Alle meisjes spelen met de jongens
En ik tel de dagen af
Ik heb al negen ansichtkaarten
Ik ken de plaatjes uit mijn hoofd
Ik heb maar niet meer teruggeschreven
Ze zijn al onderweg

Elsje ligt in Hopsi Topsi-land
Ze kreeg zo'n honger dat ze wel moest eten
De meneer die het haar verteld heeft van haar ouders
Zegt *als je straks weer beter bent*
Kun je weer spelen
Met de kinderen en met mij

Maar er is een maand voorbij
En haar ouders zijn nooit meer gekomen
Alle meisjes spelen met de jongens
Ongelukje in het verkeer

Uit: Neerlands Hoop in Panama (1971)

En als je de dood niet kent

En als je de dood niet kent
Kun je eigenlijk niet leven
Want dood dat zul je altijd zijn
En het leven duurt maar even

Uit: Neerlands Hoop in Panama (1971)

Er is hoop

Er was een man die niet langer God ontkende
Hij dacht als ik in Hem geloof dan moet Hij er wel zijn
Er is nog hoop riep hij dwars door de ellende
Zoiets als water drinken en denken heerlijk wijn

Het was in een tijd dat de verwarring groot was
De dreiging van de bom haalde de pit eruit
Je zou als leek geneigd zijn te denken dat God dood was
Een gat in de markt dus voor een positief geluid

De man riep *kom ik ken de weg de waarheid en het leven*
Als je erkent dat je een zondaar bent
Moet je mij je vertrouwen geven
Krijg ik een C-omroep en een zetel in het parlement

Hij zag zichzelf al zitten in de hemel

Zij het op gepaste afstand van Zijn Vaders troon
Hij dacht als God mijn vader is wat ik aan mag nemen
Moet ik een halfbroer wezen van Gods zoon

En hoewel er velen zeiden dat die vent getikt was
Erkenden anderen hem onherroepelijk als hun Heer
Hij riep dat alles voorbeschikt was
En keek dientengevolge niet goed uit in het verkeer

Zo kwam hij onverwachts op een kruispunt om het leven
Daar hebben zijn discipelen drie dagen devoot gewacht
Zij hebben hem zelfs een vierde dag de kans gegeven
En hem toen naar het crematorium gebracht

Daar was het of God zelf zich met de plechtigheid bemoeide
De schoorsteen wou niet trekken en de rook sloeg neer
Zo stikte gans de achterban terwijl hun Heer verschroeide
Er is nog hoop dat zie je dan maar weer

Uit: De Mythe (1983)
Muziek: geen

Er waren eens twee bussen

Er waren eens twee bussen
Die boordevol met mensen
Een wedstrijd deden
Wie het eerste bij de afgrond was
De bestuurders waren al gek
Voor ze gekozen werden
En bleken doof en blind
Toen de race eenmaal begonnen was

Corrupte conducteurs
Vochten achterin als ratten
Om het beste plaatsje
Bij de nooduitgang
Middenin werd overlegd

Door hevig verontrusten
En helemaal voorin zong men
We zijn voor niemand bang

We rijden naar de afgrond
We zijn voor niemand bang

En in een bus zat ik
Het noodlot te voorspellen
De waarheid
Vaak verscholen in een mop
Terwijl ik grappen maakte
Op het naderende einde
Was van beide bussen
De benzine op

Nu zal er ergens wel een pomp zijn
Met een paar liter benzine
Die de inzet wordt
Van een laatste vechtpartij
Maar ze zullen halverwege inzien
Dat ze beter kunnen delen
Dan gaan ze met één bus door
Die ons naar de afgrond rijdt

We rijden naar de afgrond
We zijn voor niemand bang

Want in die bus zit ik dan weer
Het noodlot te voorspellen
De waarheid
Vaak verscholen in een mop
Nu is het maar te hopen
Dat de afgrond niet te ver is
Anders zijn
Mijn moppen op

Uit: Bloed aan de paal (1978)

Er zit een toepeetje in de vlaflip

Er zit een toepeetje in de vlaflip
O wat heeft die melkboer een bedrukte snuit
Er zit een toepeetje in de vlaflip
En hoe krijg je dat er uit

Als het nou in de yoghurt zat
Had ik gezegd allah
Maar weet je wat het erge is
Het zit ook in de vla

Als het nou nog vals borsthaar was
Had ik gezegd okee
Maar weet je wat het erge is
Het is een toepee

Als het nou nog toepeetje was
Had ik me niet verzet
Maar weet je wat het erge is
De uitspraak is toepet

Er zit een toepeetje in de vlaflip
O wat heeft die kapper een bedrukte snuit
Er zit een toepeetje in de vlaflip
En hoe krijg je dat er uit

Wat er eenmaal in zit
Dat krijg je er niet uit

Uit: LP Neerlands Hoop in Bange Dagen (1969)

Fazant met zuurkool

Die avond heeft de vrouw
Ontzettend goed haar best gedaan
Dan belt haar man op
Dat hij later komt met eten
Ze zegt *o goed*
Maar denkt dat kan je wel vergeten
De smaak gaat er af
Als ik het te lang laat staan

Ze draait het gas weer uit
Het is al zeven uur
Ze pakt het boek
Dat hij voor haar heeft meegenomen
En als ze denkt
Nu kan hij ieder ogenblik komen
Gaat ze weer terug
En zet de pan weer op het vuur

Ze ploft terug in haar stoel
Pakt het boek weer in haar hand
Door de honger
Wordt ze geeuwerig en loom
Tien minuten later
Schrikt ze wakker uit haar droom
Door de stank van fazant met zuurkool
Die verbrandt

Dan gaat de telefoon
Het is opnieuw haar man
Dat hij in het spitsuur heeft gezeten
En daardoor nog wat later is met eten
En zij is blij
Dat ze nog wat maken kan

Ze rent naar de keuken
Pakt vlees uit het diepvriesvak
Ze houdt van hem
Maar heeft de pest aan overwerken
En opdat hij straks niks

Van de stank zal merken
Staat het pasgekochte
Afzuigapparaat op acht

Daar is de auto op het pad
Ze heeft het net gered
Ze pakt zijn jas aan
En hij laat haar weten
Dat zij die avond
Maar alleen moet eten
Hij heeft migraine
En hij wil meteen naar bed

Uit: Plankenkoorts (1972)

Flat

Ik sta voor jouw flat met zijn 1250 ramen
Maar ik ben jouw naam vergeten
Ik heb voor jou een mandje rijpe bramen
Ik denk dat ik ze zelf maar op ga eten

Ik sta voor jouw flat met mijn 1250 bramen
Die ik één voor één sta op te eten
Alle bewoners zeggen staande voor de ramen
Weer één die haar naam moet zijn vergeten

Ik sta voor jouw flat en ik heb nog zeven bramen
Dan kom jij opeens naar buiten
Je noemt me je naam en we gaan samen naar je kamer
Daar zit ik jouw toilet nu vol te spuiten

Uit: Neerlands Hoop in Bange Dagen (1969)

Freek doe me een lol

Ik ben do! op rock 'n roll
En dat heeft me nooit berouwd
Want ik ben nu bijna veertig
En voor een tiener is dat oud
Als het aan de fans zou liggen
Ging ik er tot mijn dood mee door
Maar mijn vrouw en vooral mijn kinderen
Zingen de hele dag in koor

Freek doe me een lol
We eten er toch van
Freek doe me een lol
De nieuwe bontjas dan

Als kind al niet te harden
Hondsbrutaal en heel vroeg wijs
Doelbewust van een ding zeker
Eens zou ik zijn als Rob de Nijs
Ik hoor nog zijn ritme van de regen
Ik zie nog zijn poster op het behang
Maar bovenal hoor ik
De stem van moeder in de gang

Freek doe me een lol
Het is de radio
Freek doe me een lol
De VPRO

Nu vele jaren later
Wordt het me allemaal te veel
De drank de drugs de vrouwen
Hangen me mijlen uit de keel
Stil heel stil gaan leven
Dat is mijn allerliefste wens
Maar elke keer als ik afscheid neem
Brullen mijn allertrouwste fans

Freek doe me een lol
Je hebt mijn hart geraakt

Freek doe me een lol
Je hebt me rijk gemaakt

Ik ben erop uitgekeken
Ik word gek van rock 'n roll
Bovendien zingen als George Baker
Hou je veel langer vol

Verwoeste strot en stramme benen
Ik leg me erbij neer
Maar voor iedereen die dit jammer vindt
Zing ik nog één keer

Freek doe me een lol
Dit is de laatste keer
Freek doe me een lol
Ik doe het echt niet meer

Freek doe me een lol
Ik ben geen dertig meer
Freek doe me een lol
Ik ben een oude heer

Freek doe me een lol
Ik meld me bij de RAF
Freek doe me een lol
Ik ga de bühne af

Uit: VPRO tv, De Noodzaak Van Moderne Muziek (1981)
Muziek: Clous van Mechelen

Geef mij je hand

Hij stond op de hoek van de straat
De stad bewoog zich razend om hem heen
Hij kon zijn gedachten niet bepalen
Een hond tilde zijn poot op tegen zijn been

Zijn kind stak over en verongelukte
Hij had het beterschap beloofd
Hij de ontaarde vader
Een duif liet iets vallen op zijn hoofd

Hou vast
Kijk uit
Ga aan de kant
Blijf op de stoep
Geef mij je hand

Hij zit op een stoel in het gesticht
Poppetjes te knippen met een schaar
En in gedachten slaat hij oneindig
Met zijn kop tegen de rand van het trottoir

Uit: Neerlands Hoop Code (1978)

Geld

Geld
Het stinkt naar poep
En er kleeft bloed aan van geweld
De arme is de lul
En de rijke speelt de held
Met geld

Ik hield niet zo van werken
Maar mijn leerplicht was voorbij
Dus ging ik naar een baas toe
Of hij een baantje had voor mij
En na de test ondergeschiktheid
Kregen wij het over loon
En hij zei *je kunt beginnen*
Voor negen tientjes schoon

Van dat geld trap je geen deur in

Dus deed ik rustig aan
Ik dacht na over het leven
En de zin van het bestaan
De wereld is een etterbuil
Van rotzooi en geweld
En ik wist dat het de schuld was
Van het kapitaal en van het geld

Geld
Het stinkt naar poep
En er kleeft bloed aan van geweld
De arme is de lul
En de rijke speelt de held
Met geld

Ik fietste dagelijks naar mijn werk toe
Gedreven door het heilig vuur
Mijn vrienden deden dat per brommer
Het scheelde hen per dag een uur
Ik wou dus ook een brommer
Ik heb er drie jaar voor gespaard
Maar toen ik hem wilde kopen
Was het geld geen zak meer waard

Als je hem kocht op afbetaling
Kreeg je hem onmiddellijk mee
Dat gold niet alleen voor brommers
Maar ook voor koelkast en TV
Het is de maalstroom der termijnen
Het is de truc van het kapitaal
En de moraal van dit verhaal is
Het overkomt ons allemaal

Geld
Het stinkt naar poep
En er kleeft bloed aan van geweld
De arme is de lul
En de rijke speelt de held
Met geld

Uit: Neerlands Hoop Express (1973)

Geluk = gelul

De kamer is wit
De vrouw is helblond
Ze draagt Cross Your Heart
Ruikt fris uit de mond
Haar tekst I love Lux
De camera loopt
Ze zegt *sorry mijn vriend*
Heeft zich gisteren opgeknoopt

Geluk = gelul
Geluk = gelul

Paniek op de vloer
De producer roept *cut*
Wat is dit voor shit
Ze moet niet zeuren die trut
Dood is dood
En een stuk is een stuk
Het leven gaat door
Wat is geluk

Geluk = gelul
Geluk = gelul

Dat het leven niet leuk is
Dat weten wij wel
Geen zorgen voor morgen
De tijden gaan snel

Kleuren TV
Een blok op de haard
Het glas wordt gevuld
En het loopt niet zo'n vaart
De vrouw oppert *schat*
Nog één sigaret
De man fluistert *God*
Ik verlang naar mijn bed

Geluk = gelul
Geluk = gelul

De man valt in slaap
Bij een getekende muis
En wordt pas weer wakker
Door de ruis van de buis
Hij draait nog een plaatje
Love is the drug
Liefde verdooft
En wat is geluk

Geluk gelul
Geluk gelul

Dat het leven niet leuk is
Dat weten wij wel
Geen zorgen voor morgen
De tijden gaan snel

Geluk
Geluk = gelul
Geluk = gelul over leven

Uit: LP Ik ben volmaakt gelukkig (1978)

Glitter en goud

Achter de façade van glitter en goud
Staat elke dag dezelfde lach dezelfde sleur
Je wordt veel sneller oud
Als je van theater houdt
Van op- en afgaan door diezelfde deur
Achter die deur hoor je ze kermen
Een artiest lijdt wat af achter de schermen

Toch komt hij op met een lach en een pasje
Hij zingt van rozegeur en maneschijn

Maar als je kon kijken in zijn hart onder zijn jasje
Zou je zeker minder vrolijk zijn

In zijn kleedkamer zet de komiek zijn kraaiepoten aan
Wat zou er van hem zijn als hij zijn vak niet had
Hij repeteert zijn repertoire
Hij doet het al dertig jaar
Bakken die niet leuk zijn en gejat
Hijzelf heeft zelf het beste in de smiezen
Want daar staat hij trillend tussen de coulissen

Toch komt hij op met een lach en een pasje
Als het publiek niet lacht houdt hij zich schijnbaar groot
Maar diep in zijn hart onder zijn jasje
Gaat hij elke keer een beetje dood

Triest doet de danseres de spietsen aan haar voet
Die hoofdrol is haar neus voorbijgegaan
Het was technisch nog wel goed
Maar ze weet dat dat er niets toe doet
Als je niet kunt sterven als een zwaan
Daar staat ze naar de anderen te kijken
En ze weet dat zal ik nooit bereiken

Toch komt ze op met een lach en een pasje
En het publiek kijkt niet door de coulissen heen
Ze zoeken naar snoepgoed in hun tasje
Je staat in het theater zo alleen

Toch kom je op met een lach en een pasje
Je zingt van rozegeur en maneschijn
Maar diep in je hart onder je jasje
Zul je altijd eenzaam zijn

Uit: Plankenkoorts (1972)

God bewaar me

God in Uw handen is mijn lot nu
Daarom wend ik mij tot U
God bewaar me
Ik weet dat Gij almachtig zijt
En het is nog niet mijn tijd
O God spaar me

Een soldaat ligt aan een front
Hij schijt zeven kleuren stront
Er komt een tank op hem afgereden
Hij doorziet plotseling zijn lot
En vouwt zijn handen bidt tot God
En wordt door de tank tot pulp gereden

Een chauffeur heeft autopech
Hij staat op de overweg
De sneltrein nadert met een vaartje
Hij stapt niet uit rent weg maar wacht
En bidt tot God uit alle macht
En rijdt tot het eindpunt zonder kaartje

Een danser op het slappe koord
Werd zo door een mug gestoord
Dat hij zijn evenwicht niet meer bewaarde
Hij werkte altijd zonder net
Vertrouwde op God en het gebed
En sloeg een gat van zeven meter in de aarde

Een alpinist hing in het nauw
Aan zijn rafelende touw
Het leek geen tijd om nu te talmen
De hemel leek hier zo dichtbij
Dus riep hij *God toe helpt U mij*
En je kan zijn stem nog horen galmen

God allemachtig als U wist
Wat U tot hier hebt aangericht
Door de mens van U te laten houden
Steeds als hij in doodsnood was

Dan zat hij met zijn ogen dicht
En met de handen saamgevouwen

Uit: Neerlands Hoop Code (1978)

God wat ben ik blij

Het is acht uur
En er is niemand op de maan
Er staat een ingewikkeld kruiwagentje
Dat hapjes maan
In een daarvoor bestemde zak kan doen
Zodat hier op aarde
Na onderzoek kan blijken
Dat hapjes maan
Uit volstrekt waardeloze materie bestaan

God wat ben ik eenzaam

De maan draait om de aarde
Dat heeft ook lang geduurd
Voor ze daar achter waren
Negenhonderd jaar
Na Christus
Want alles is gebeurd na Christus
Of er voor

Christus ze zeggen dat ik gek ben
Ze zeggen dat ik gek ben

Op maandag moet ik matjes vlechten
Op dinsdag trouwens ook
Een week heeft zeven dagen
Een maand veel meer
Op zondag ben ik vrij
Dan verveel ik mij
Net als op zaterdag

God wat ben ik blij
Ze zeggen dat ik gek ben

Planeten hebben manen
Net als een paard
Ik ben een ezel
Ik wou dat ik een schilder was
Dan verfde ik een gezicht
Op de maan

God wat ben ik rijk
Ze zeggen dat ik gek ben
Christus ze zeggen dat ik gek ben

Uit: LP Ik ben volmaakt gelukkig (1978)

Gooi een kwartje in de juke-box

Gooi een kwartje in de juke-box
Voor de tent weer sluiten gaat
Kan mijn sores niet vergeten
Maar misschien bij deze plaat

Het is een plaatje over mensen
Die willen werken in de mijn
En de man die komt vertellen
Dat ze overbodig zijn
Ik werd als eerste man ontslagen
Ik was het kortste bij de mijn
Maar daar staat dan tegenover
Dat ik het langst werkloos zal zijn

Gooi een kwartje in de juke-box
Ik heb de plaat al ingedrukt
Als ik een baantje heb gevonden
Krijg ik dat kwartje dubbel terug

Ik wacht zo lang al op dat meisje

In die scheepjeswollen trui
Maar ze wil niets van me weten
Ze vindt me nutteloos en lui
Ik wil best pendelen op Duitsland
Waar ik goed de kost verdien
Maar ik zou alle dagen weg zijn
En ik zou haar nooit meer zien

Gooi een kwartje in de juke-box
Het is mijn allerlaatste kans
Kan haar niet met geld versieren
Maar misschien met deze dans

Uitgebracht op single (1973)

Hangen over de leuning van de brug

Hangen over de leuning van de brug
En je gedachten laten varen
Paren met het water van de stroom
Dat dan over gaat tot baren
Insecten mensen ratten en konijnen
Over de grenzen en buiten de lijnen

Kinderen druppels water van de zee
Eén druppel doet de emmer overlopen
Hopelijk naar de goede kant
Er blijft een touw om je aan vast te knopen
Kanonnen mensen kogels en raketten
Over de grenzen en boven de petten

Hangen over de leuning van de brug
En kinderen voor je uit zien roeien
Roeiend met de riemen die je hebt
Kun je ze toch niet meer boeien
Studenten mensen artsen psychologen
Dat zijn de grenzen van ons vermogen

Oooo oooo de zon schrijnt zo

Uit: Neerlands Hoop in Bange Dagen (1969)

Heimwee naar het vaderland

Ik stond aan de Gran Canyon
En ik keek over de rand
Wat een diepte wat een kleuren
Dat was meer dan interessant
De natuur die hier gevormd was
Zonder hulp van mensenhand
Gaf mij een gevoel van heimwee
Heimwee naar mijn vaderland

Ik dacht hoe is dit mogelijk
Wat is er met mij aan de hand
Want wat wil ik als ik terugkom
Snel weer weg uit Nederland
Ik zie mezelf weer in de file
Of naakt aan het volle strand
En nu hier Gran Canyon
Heimwee naar het vaderland

Dat vlakke bijdegrondse
Stukje slib bij de Doggersbank
Eén windje en een beetje springvloed
En de hele zaak staat blank
Waar je met miljoenen mensen
Geen dag meer zonder iemand bent
Als je in Roodeschool een scheet laat
Ruik je hem in Sas van Gent

Ach dacht ik wie houdt mij tegen
De afgrond lokt ik spring erin
Ik weet geen antwoord op de vragen
Omtrent het leven en de zin
Maar net toen ik mij af wou zetten

Greep iemand resoluut mijn hand
En op de vraag waar die vandaan kwam
Klonk als antwoord *Nederland*

Ik pakte hem beet we liepen verder
Ik hield van haar het was mijn vrouw
En ik vroeg haar overmoedig
Dacht je echt dat ik springen zou
De zon zakte weg achter de bergen
Weemoed kreeg de overhand
We voelden allebei hetzelfde
Heimwee naar het vaderland

Dat platte bijdegrondse
Uitgedijde stukje wad
Eén kernbom van twee megagrammen
En de hele zaak ligt plat
Tegen overbevolking
Is geen condoom of pil bestand
Als je in Zoutkamp onaneert
Raakt iemand zwanger in Cadzand

Uit: De Mars (1981)
Muziek: geen

Het is weer tijd

In de jaren zestig
Had iedereen zo'n smoel
Nu eten we gebakken peren
Met een triest gevoel
Een kwart van toen is aan de drugs
Een vierde gesaneerd
De rest is ofwel ingepakt
Ofwel genuanceerd

Waar zijn je idealen
Zingt de eeuwige soldaat

Het is weer tijd om te bepalen
Waar het allemaal op staat

Wat had je geen bewondering
Voor een Martin Luther King
Je had zelfs echte negers
In je vriendenkring
Als hij een fractie had vergolden
Van wat hem was aangedaan
Had hij niet in een zilveren lijst
Op je bureau gestaan

Jij wilt graag zelf bepalen
Hoever een vriendschap gaat
Het is weer tijd om te bepalen
Waar het allemaal op staat

Toen Vietnam voorbij was
Werd het nadrukkelijk stil
Goede tijden voor de PPR
En nog een rondje pils
Maar wie toen voor de yankees was
En riep *hun strijd is onze strijd*
Zit nu nog op het kussen
En is niet zijn baantje kwijt

Niemand wou bepalen
De prijs van het verraad
Het is weer tijd om te bepalen
Waar het allemaal op staat

Als je een avond hebt gezopen
En je rijdt er eentje dood
Dan kan dat iedereen gebeuren
Ons begrip is groot
Maar als je de wereld wilt verbeteren
En je doet er eentje pijn
Dan ben je staatsgevaarlijk
Dan is het land te klein

Dan komen ze je halen
De ME staat paraat

Het is weer tijd om te bepalen
Waar het allemaal op staat

Tweehonderdduizend werklozen
De meerderheid die zwijgt
Mondjes en handjes dichtknijpen
Blij dat je een uitkering krijgt
De vakbond in confectiepak
Voert voor jou de strijd
En dus verdrink je je ellende
In een zee van vrije tijd

Pas als er niets meer valt te halen
Zien we jou weer terug op straat
Het is weer tijd om te bepalen
Waar het allemaal op staat

We gaan naar Argentinië
Waar dagelijks wordt gemoord
Maar daar is nu eventjes geen tijd voor
Zojuist heeft Rep gescoord
Zonder Cruijff in de finale
Wie had dat verwacht
En op de eretribune
Zitten Wiegel en Van Agt

We zitten in de finale
In een politiestaat
Het is weer tijd om te bepalen
Waar het allemaal op staat

Uit: Bloed aan de paal (1978)

Het land der Blinden

Kijk zei de koning van het land der Blinden
Ik heb nu jarenlang een oogje toegedaan
Er zijn nog maar zeventien koningsgezinden
Die meelopen achter mijn versleten vaan
Ik weet niet wat jullie daarvan vinden
Maar ik kan het niet langer door de vingers zien
Ik ben niet van plan mij langer op te winden
In elk geval niet voor die zeventien

Jullie moeten maar een president gaan kiezen
Waarvoor ik me niet verkiesbaar stel
Niet dat ik bang ben te verliezen
Maar ik wil stil gaan leven van mijn geld
Alle verblinden in het land der Blinden
Stelden zich als één man kandidaat
Behalve één man die de stemmen inde
Omdat die boven de partijen staat

Na het tellen van de stemmen
Had ten slotte ieder één
Behalve hij die ze moest tellen
Want die had natuurlijk geen
Goede raad is duur sprak een der blinden
Nogal een zuinig tiep
Als we niemand kunnen vinden
Dan nemen we toch mij hiep hiep

Wacht eens even sprak een dikke
Op één voor hem helder moment
Laten we gewoon gaan prikken
Wie ik prik wordt president
Wat er toen viel te beleven
Was geen verkiezing maar een coup
Omdat ze er in braille schreven
Liepen alle namen in de soep

Als we nu eens blindeman gaan spelen
Sprak één der blinden heel attent
Ja klonk het toen uit duizend kelen

Wie het wint wordt president
Jarenlang zijn ze zo aan het spelen
En de winnaar is nog niet in zicht
Het kan de deelnemers niets schelen
Het spel brengt in hun leven licht

Mocht u o éénoog
Ooit het land der Blinden vinden
Doe dan ook of u een blinde bent
Opdat nooit de spreuk zal klinken
In het land der blinde Vinken
Is éénoog president

Uit: Neerlands Hoop in Bange Dagen (1968)

Het lied van de mijnwerkers

Als ik straks afdaal in de schacht
Dan weet ik wat mij wacht
Het hart van moeder aarde is hard
En alles is er zwart
Zwart is de schacht
Zwart is het steen
Zwart is de macht
Die bracht mij hierheen
Kapitaal en de Kerk
Voor mijn gezin
Hard is het werk
Klein het gewin

Als ik straks terugkeer uit de schacht
Dan weet ik wat mij wacht
Veeg ik het zweet van mijn gezicht
Niet voor de zwarte macht gezwicht
Rood werd de schacht
Rood werd het steen
Glück auf rood werd de kompel
En zong iedereen

Niet Kerk Kapitaal
Maar mijn gezin
Een ideaal
Dat is mijn gewin

Al moet ik werken nog zo hard
Al lijkt mijn leven zwart
Al kan ik weten wat mij wacht
Iets geeft mij hoop de Rode Vlag
Werken moet ik voor mijn brood
Toch gloort voor mij het morgenrood
In mijn mijn zwart als de nacht
De Rode Vlag
De Rode Vlag

Uit: De Komiek (1980)
Muziek: Wannes van de Velde

Het narrenschip

Er vaart een schip met gekken
Op Waddenzee en Noord
Wie normaal is kan vertrekken
Die springt maar overboord
Ik heb geen juk meer nodig
Schreeuwt de stuurman zonder doel
Het kompas is overbodig
Ik vaar op mijn gevoel

Er waart een schip met dwazen
Op Keteldiep en IJsselmeer
De kapitein roept *kamikaze*
En schiet de stuurman neer
Doch hij heeft misgeschoten
De stuurman roept *ik leef*
Maar het schip is naar de kloten
Want de romp lekt als een zeef

De kapitein roept *hozen*
Maant de bemanning tot meer spoed
Dan roepen de matrozen
We zijn wel gek we zijn niet goed
Dat zit kappie niet lekker
Hij zet de blaffer op zijn slaap
Spant zijn vinger om de trekker
En verdomd recht door zijn raap

Dan is niemand meer te stuiten
Dat rukt dat toept dat drinkt
Gaat zich te buiten slaat aan het muiten
Terwijl het scheepje langzaam zinkt
Zo gaat het zootje naar de haaien
En wat is nu de moraal
Zelfs een gek wordt aangeraaien
Doe alsjeblieft normaal

Uit: Stroman & Trawanten (1984)
Muziek: Willem Breuker

Het recht van de sterkste

Het recht van de sterkste
Geld is macht geldt voorgoed
Want de wil om te werken
Telt niet je moet
De veiligste haven
Is de kluis van een bank
Het mes op de tafel
Brengt brood op de plank

De poeprijke stinkerd trapt
Een zwerver van zijn erf
Die ruikt naar verrotting
Verkrotting bederf
De slonzige sloeber
Grijpt niet naar geweld
Want hij is geen rover
Geen dief en geen held

Hij eet schors van de bomen
Drinkt water uit de goot
In zijn allermooiste dromen
Gaat hij tot slot altijd dood
Toch pleegt hij geen zelfmoord
Hij is wars van geweld
Geen berover van het leven
Geen dief en geen held

De straatarme vrouw
Kauwt wat sap uit een zool
Haar man is naargeestig
En haar kinderen naar school
Voor de achtste keer zwanger
Zonder dat ze het wil
Er is geen rem op de hartstocht
En geen geld voor de pil

Als de kinderen slapen
Bevredigt zij elke man
Die zijn drang
Tot geslachtsdrift betalen kan
Zij wordt genaaid door de rijken
Zonder dat ze het wil
Er is geen rem op de hartstocht
En geen geld voor de pil

Het recht van de sterkste
Geld is macht geldt voorgoed
Want de wil om te werken
Telt niet je moet
De veiligste haven
Is de kluis van een bank
Het mes op de tafel
Brengt brood op de plank

Uit: Een kannibaal als jij en ik (1975)

Het systeem

Wij zijn allemaal begonnen als een zaadje
Wij zijn allemaal gekoesterd in de schoot
Wij hebben allemaal gelegen voor dat zelfde gaatje
We leven allemaal ons leven tot dezelfde dood

Het systeem is als een vader en een moeder
Het leert je leven en verlicht de druk
Het zal ons tegen de ander en onszelf behoeden
Het systeem is de weg naar het geluk

Je hebt geboren revolutionairen
Maar die veranderen het leven voor geen snars
Geef kinderen een fopspeen als ze blèren
De wil moet omgebogen voor hij barst

Het systeem is als een vader en een moeder
Het leert je leven en verlicht de druk
Het zal ons tegen de ander en onszelf behoeden
Het systeem is de weg naar het geluk

Geluk is de som van een paar dingen
Als je een vaas van tafel aftrekt is hij stuk
Toen hij nog heel was zat hij vol herinneringen
Toen was de som van alle scherven nog geluk

Uit: Een kannibaal als jij en ik (1975)

Hou moed

Het leven is zo kwaad nog niet
Als je vroeg of laat de zon maar ziet
Het zonnetje van Oranje ziet
Want zonder Oranje kan je niet

Hou moed
Hou moed
Het komt allemaal weer goed
Dat moet

Het is hier wel leuk in Londen
Toch mis ik Nederland heel erg
Ik zou wat graag eens door de bossen hollen
De bossen van de Grebbeberg

Maar de moffen hebben veel vernield daar
Veel van de pracht van spar en den
Daarom ben ik zo blij dat ik hier vrij aan
De zij van Willemien in Londen ben

Hou moed
Hou moed
Het komt allemaal weer goed
Dat moet

Je weet pas goed wat vrijheid is
Als jij je vrijheid hebt gemist
Om straks zo vrij als wij te zijn
Daar moet je nu al blij om zijn

Hou moed
Houzee
Het valt allemaal wel mee

Uit: KRO-radio, Sjook, De Sokophouders (1972)

Ieder weekend

Ieder weekend word ik wild
Het werk ligt stil fabriek op tilt
De tijd die ik er heb verspild
Haal ik in ieder weekend
Door de week ben ik een zak

In mijn confectie-spijkerpak
Ik baal van werken en ik snak
Naar ieder weekend

Want in het weekend ben ik vrij
De tijd is helemaal van mij
De meiden staan al in de rij
Ze geilen allemaal op mij
Dan komt het puntje bij de paal
Ik lust ze rauw ik spreek hun taal
Ik ben een consument van staal
Een omnivoor een kannibaal

Een kannibaal als jij en ik
De schrik van de automatiek
De onbetwiste heerser van de tent
Ieder weekend
De wildste wilde uit de stam
Die uit de jungle tot ons kwam
Door de week mak als een lam
Maar wild in het weekend

Ieder weekend ben ik wild
Tot op de vloer het rumoer verstilt
De lach verstart het hart verkilt
Dat is het einde ieder weekend
Morgen is het weer vroeg dag
Tot vrijdag is een hard gelag
Een lange slapeloze nacht en je smacht
Naar het volgend weekend

Uit: Een kannibaal als jij en ik (1975)

Ik ben volmaakt gelukkig

Het regent buiten
Ik probeer de krant te lezen
Mijn vrouw heeft haar haar
In de krullers gezet

De stilte voor de storm
Mengt zich met de kinderstemmen
Ze vervelen zich te pletter
Ze hebben veel te veel

Laat me maar
Laat me maar

De oorlog was al snel voorbij
Ik werd afgekeurd voor dienst
Zo kon ieder gevecht
Met een smoes worden gemeden

Mijn ouders waren
Gelukkig getrouwd
Het ontbrak mij aan niets
Ik had een bel op mijn fiets

Ik had alles van alles
En ik kreeg ook nog succes

Laat me maar
Laat me maar

De krant is weggezakt
Tussen mijn knieën
Twee pilsjes voor het eten
En ik val geheid in slaap

Niemand ziet me
Niemand hoort me
Mijn leven hangt van
Compromissen aan elkaar

Laat me maar
Laat me maar

Het eten smaakt mij niet
Afhaalchinees
De kinderen zijn oorverdovend
En mijn vrouw is ongesteld

Laat me maar
Laat me maar

Ik ben volmaakt gelukkig
Of liever nog
Ik heb geluk gehad

Uit: LP Ik ben volmaakt gelukkig (1978)

Ik ben zo bang

Ik ben zo bang
Voor de Russen in mijn land
De Chinezen in mijn keuken
De hippies in mijn park

Ik ben zo bang
Voor de negers in mijn dochter
De joden in mijn handel
De flikkers in mijn kroeg

Ik ben zo bang
Voor de krassen op mijn auto
De ontwaarding van mijn geld
En de kanker in mijn lichaam

Zijn wij niet allemaal zo bang

Uit: Neerlands Hoop in Bange Dagen (1968)

Ik dacht

Ik wist dat ik mijn mond moest houden
Als ik werkelijk iets te zeggen had
Ik wist dat ik mezelf niet zo vertrouwde
En overschreeuwde dat
Ik wist ik moet mijn ogen sluiten
Als ik werkelijk iets wou zien
Ik wist ik keek teveel naar buiten
Natuurlijk zat het binnenin

Ik dacht de hongersnood in Afrika
Als die maar eenmaal is gestild
Ik dacht de kernwapens de wereld uit
Ik dacht te politiek veel te gewild
Ik dacht we moeten eerlijk delen
Ieder het zijne dus de helft
Ik dacht als iedereen volmaakt is
Begin ik aan mezelf

Ik dacht ik haal het uit de boeken
Ik dacht ik vecht me vrij
Ik dacht dat ik het ver moest zoeken
Natuurlijk ligt het heel dichtbij
Ik dacht ik moet mijn vuisten ballen
Iemand zei *open je hand*
Ik was bang om door de mand te vallen
Iemand zei *er is geen mand*

Kom nu niet met argumenten
Dat ik van de wereld ben vervreemd
Werkelijkheid is de ellende
Die door autoriteiten wordt geclaimd
Zeg me niet *je bent gaan zweven*
Ik geef me over ongeremd
Idealen waarvoor leiders leven
Vragen veel offers slechts een stem

Praat nu niet meer van conventies
De maatschappij van man en vrouw
Ik aanvaard de consequenties

En zeg verwonderd *ik vertrouw*
Tart me niet meer met je wetten
Niemand heeft mij in zijn macht
Niets kan mij mijn vlucht beletten
Zelfs niet de zwaartekracht

Uit: De Mars (1981)
Muziek: geen

Ik doe aan cabaret

Je ziet een mens van honger sterven
Duizend kilo's vlees bederven
Je klampt je vast aan je geloof
Je hoort geen mens om water smeken
Omdat je cocktails staat te shaken
Je bent Oostindisch doof

Je komt in opdracht van je baas en
Die heeft ook jou belazerd
Gezegend zij je werk
Je vindt dat de paus een held is
En dat Jezus geen geweld is
Maar de kogel is al door de kerk

Je zegt *dorst les je niet met tranen*
En je hand rust op de kranen
Overmorgen drinken ze je bloed
Je zegt dat je kogels niet kunt eten
Jij zou beter moeten weten
Honger maakt zelfs blauwe bonen zoet

Omdat het hier ver vandaan is
En ik geen ene Braziliaan mis
Omdat het hier ver vandaan is
En ik geen ene Pakistaan mis
Omdat het hier ver vandaan is
En ik geen ene Biafraan mis

Omdat het vis noch vlees is
En ik geen ene Vietnamees mis

Doe ik aan cabaret

Een man in Zuid-Amerika
Zat een manke missionaris na
De priester riep *nooit krijg je mij*
Want God loopt aan mijn manke zij
Toch had Juan die paap heel gauw
En vroeg hem toen *wat had je nou*
De man zei *nou ik had een strop*
Ik liep hard God was doodop

Een man in Zuidoost-Azia
Zat de westerse beschavers na
Het was een spel van kat en muis
De blanken loerden op zijn huis
Als hij er één te pakken had
Brandden zij zijn huis weer plat
Zo kreeg ieder die zich had verzet
Tot slot een westers bouwpakket

Een man in Donker Afrika
Zat een zuster van de zending na
De zuster riep *God help me toch*
Die bruine rat verkracht me nog
Ze struikelde bij een liaan
De bosjesman bleef even staan
De zuster riep *wat doet u nu*
Gaat heen en vermenigvuldigt u

Omdat ik het niet kan laten
En mijn pillen niet meer baten
Omdat ik het niet kan laten
Zal ik meten met twee maten
Omdat ik het niet kan laten
Zal ik altijd blijven haten
Omdat ik nog iets te doen heb
En nog veel te weinig poen heb

Omdat een koe een haas vangt

En om het hoe een witte waas hangt
Omdat de bananen krom zijn
En de waaromvragers zo dom zijn
Omdat het zo'n fijne vorm is
En de belangstelling enorm is
Omdat het een lach en een traan is
En er geen sodemieter aan is

Doe ik aan cabaret

Uit: Neerlands Hoop in Panama (1971)

Ik doe mijn best

Ik ben nog jong
Maar met de dag word ik wat ouder
Mijn idealen
Heb ik nooit verzaakt
Reeds als kind
Nam ik de wereld op mijn schouder
En nu geef ik toe
De wereld is nog niet volmaakt

Nog keer op keer
Steek ik de handen uit de mouwen
Maar meer en meer
Word ik de toeschouwer die kijkt
En toegeeft
Dat je niemand kunt vertrouwen
En dat het niet zo erg is
Als het allemaal wel lijkt

Het valt allemaal wel mee
Het loopt wel los

Wat moet ik doen
Om aan mijn noodlot te ontkomen
Geef ik toe

Dat God dit alles heeft gewild
Nooit nooit
Dat zou het einde zijn
Van al mijn jongensdromen
Dan zou mijn leven
Al bij voorbaat zijn verspild

Ik weet van niets
Als de vragen zullen rijzen
Of er een einde komt
Aan eenzaamheid en pijn
Ik weet niets
En ik kan ook niets bewijzen
Ik ben een mens
En ik kan alleen maar zijn
Wat kan ik anders doen

Ik ben een mens
En ik doe mijn best
I'm a man
I'm a lonely soul
I'm a man
And I know who I am

Uit: Neerlands Hoop Express (1973)

Ik heb haar vermoord

Ik heb haar vermoord
Zij nam mijn adem in het verleden
En ik kwam lucht tekort
Ik heb haar vermoord
Gewoon de adem afgesneden
Haar parelsnoer wat ingekort

Met zo'n vrouw was niet te leven
Een van ons tweeën moest eraan
Daarom heb ik uit beleefdheid

De dame voor laten gaan
U zult het niet goed kunnen keuren
Dat wat ik met haar dee
Haar bloed heb ik aan het Rode Kruis gegeven
Ze zijn daar gek op bloedgroep b

Ik heb haar vermoord
Zij kon mij niet verdragen
Als ik naast haar liep
Ik heb haar vermoord
Haar hoed haar hersens ingeslagen
Waarschijnlijk wat te diep

Ik geef toe het hoort niet
Maar ik kon haar niet weerstaan
Het was per slot een moordgriet
Ik moest haar wel neerslaan
Een agent komt me zo halen
Maar ik ben niet bang
Ik moet het nu met acht jaar cel betalen
Anders had ik levenslang

Ik heb haar vermoord
En drink haar bloed bij mokken
Waarschijnlijk ben ik zat
Ik heb haar vermoord
Haar ceintuur zo aangetrokken
Tot ik twee helften had

Uit: Neerlands Hoop in Bange Dagen (1968)

Ik sta hier en jij zit thuis

Ik weet wel dat ik soms
Een beetje voor je vlucht
Omdat ik bang ben
Bang voor de verantwoordelijkheid
Daarom heb ik vandaag geen tijd

Wacht maar tot morgen
Want vrijheid is dacht ik
Dat je voor niemand hoeft te zorgen

Ik vlucht van zaal tot zaal
Ongrijpbaar als een aal
Omdat ik bang ben
Dat ze zien dat ik een lafaard ben
Ik weet dat ik mezelf niet ken
Mijn tijd verknoei en
Denk dat vrijheid is
Dat je de ander weet te boeien

Ja ik sta hier en jij zit thuis
Met twee kinderen
Die me straks hun opvoeding verwijten
Ik heb geen zin me nu al vrij te pleiten
Ik ben gevangen
En een beetje op de vlucht

Daarom wil ik dat je weet
Dat ik naar je toevlucht
En dat ik bang ben
Voor woorden als liefde en geluk
Want ik maak altijd alles stuk
Met schelden en vloeken
Ik wil dat jij me vrij laat
Om naar jou te zoeken

Ja ik sta hier en jij zit thuis
En je wacht op mij
Tot ik eventjes bij jou kom schuilen
De ergste angst er uit te huilen
Vrijheid is
Dat je echt van iemand houdt

Uit: Interieur (1976)

Ik tel mijn idealen

En als het morgen wordt
Zal ik mijn idealen tellen
De tralies
Die de zon in vieren delen
Zijn even ondoorkoombaar
Als de dag

Ik had gezworen
Dat ik mijn vrienden
Nimmer zou verraden
Maar de pijnbank is nu eenmaal sterker
Dan mijn wil

Eén oog is dichtgeschroeid
En wat er van mijn handen rest
Zou ik zo willen missen
Als ik wist
Dat men mij vergeven zou

Kanker is een zachte dood
Vergeleken bij dit leven
Maar jullie huilen liever krokodilletranen
Dan dat je aan den lijve voelt
Wat lijden is

Ik heb een kind verwekt
Dat ik niet lang gekend heb
Toch huilt het elke nacht weer
In mijn hoofd

En morgen is er weer een dag voorbij
In Iran Oeganda Rhodesië

Ik tel mijn idealen
En raak er steeds meer kwijt

Uit: Ingenaaid of gebonden (1975)

Ik voel me eenzaam op de camping

Ik voel me eenzaam op de camping
Want alle kinderen die ik zie
Zijn veel te jong om mee te spelen
En met de ouderen meedoen mag ik niet
Mijn ouders hier heb ik alleen maar last van
Ze hebben leuke uitstapjes bedacht
Die zijn niet half zo leuk als vaders witte benen
Hoewel hij boos wordt als je daar om lacht

We gingen samen naar de speeltuin
Ik mocht van pa niet uit het hek
Maar God straft meteen de autoritairen
Pa kreeg een schommel in zijn nek
Moeder zag niet dat ze op de wip zat
Vloog met de picknickspullen door de lucht
En voor ik ergens mee gespeeld had
Reden we alweer naar de camping terug

We gingen samen midget-golven
Moeder stond te zwaaien met haar stick
Het balletje bleef rustig liggen
Alle omstanders kregen een tik
Vader was natuurlijk beter
Die sloeg er professioneel op los
Een mep en dan weer uren zoeken
Naar het balletje in het bos

Ga fijn met je vader zwemmen
Gehoorzaam liep ik met hem mee
Ergens diep de hoop nog koesterend
Dat hij te ver zou gaan in zee
Dat deed hij niet ik had het kunnen weten
Daar is hij veel te schijterig voor
Hij liep tot aan zijn enkels in het water
En riep toen heel sportief *ik ben erdoor*

Ik haal patat als moe te moe is om te koken
Geen eigenheimers dat lijkt tenminste wat
Maar de lol gaat eraf als ze elke dag te moe is

Ik vreet al veertien dagen lang patat
Vader ligt voor pampus in de voortent
Zegt dat hij van werken minder moe wordt dan van mij
Dan kan hij volgende week weer uit gaan rusten
Ik heb nog tot half augustus vrij

Uit: Plankenkoorts (1972)

Jaren maanden weken dagen uren

Ik wist niet en jij ook niet
Wat ons toen we trouwden boven het hoofd hing
We zeiden heel bewust *ja* en niet *ja maar*
Ik kan ook niet ontkennen
Dat het heel behoorlijk ging
Een jaar

Ik weet nog
Dat je prompt geen pil meer slikte
Liefde maakte immers blind
En ik was liefdevol meegaand
En heel gelukkig met dat kind
Een maand

Ik wist wel
Dat ik het niet goed kon maken met een bontjas
Daarvoor was jij teveel van streek
Maar je kunt niet ontkennen
Dat je er heel blij mee was
Een week

Een vriendje voor ons allebei
Dat lukt ons wel
Dat hadden we gedacht
Toevallig bespraken onze vrienden
Hetzelfde motel
Die nacht

Nu komt er een hoop gelazer tussen ons
Het mijn en dijn
We gaan weer praten op den duur
Jij brengt de kinderen het weekend
Ik zal gelukkig zijn
Een uur

Jaren maanden weken dagen uren
Vlieden als een schaduw heen
Het had een leven kunnen duren
Wij bleven allebei alleen

Uit: De Komiek (1980)
Muziek: geen

Juanita Sambabal

Oh Juanita mia cal
Qui amore non qui pas la sambabal
Bueno noche mi amore
Matte kloppe matedore
Viva viva la sambabal

Daar danst de donkere Juanita
Op het grote sambabal
Kijk Juanita eens genieten
Niemand die zo op samba valt
Dan gaat ze stampen met haar voeten
Het is net een Braziliaanse boer
Het orkest houdt even pauze
Anders gaan ze door de vloer

Oh Juanita mia cal
Qui amore non qui pas la sambabal
Bueno noche mi amore
Mucho zino mucho hore
Viva viva la sambabal

Er is een man op haar gevallen
Die had zo'n kleine tamboerijn
Maar zonder echte sambaballen
Krijgt niemand Juanita klein
Heb jij als man geen sambaballen
Dan wordt er niet op jouw gelet
Ze laat haar leven niet vergallen
Door een Spanjaard met een castagnet

Oh Juanita mia cal
Qui amore non qui pas la sambabal
Bueno noche mi amore
Zit hij van achteren zit hij van voren
Viva viva la sambabal

Uit: Neerlands Hoop in Panama (1971)

Jij

Omdat jij wist dat ik het was
En niet je laatste minnaar
De knapste van de klas
Omdat je blozend voor me stond
Naïef en van de kook
Omdat jij smoorverliefd was
Daarom was ik het ook

Omdat jij bij me blijven wou
Ondanks mijn bot gedrag
Die vrijgezellendrift
Gepikt hebt elke dag
Omdat je maling aan de mensen had
Aan geroddel en gestook
Omdat jij zo graag trouwen wou
Daarom wou ik het ook

Omdat jij door bleef vechten
Op het randje van de dood

Het wrede tedere leven
In je armen sloot
Omdat je onomwonden
Het huwelijksbed indook
Omdat jij zo graag kinderen wou
Daarom kreeg ik ze ook

Omdat jij leven kunt
Met mij zoals ik ben
Omdat jij altijd anders bent
Dan ik denk dat ik jou ken
Omdat jij jouw heilig vuur
Niet verstikken laat in rook
Omdat jij weet wat liefde is
Daarom weet ik het ook

Uit: De Mars (1981)
Muziek: Henny Vrienten

Kanonnenvoer

Jan Soldaat en zijn maat dat zijn kerels
Hun knevels en daden zijn groot
Welke heren ze dienen kan ze niet deren
Zij kiezen een heldendood
Ze verraaien hun klasse
Bevuilen hun nest
Ze draaien en schelden
De builen de pest
Zij worden geen arbeider boer
Kanonnenvoer

Kanonnenvoer
Danst voor de duvel en zijn ouwe moer
Verkwanselt zijn wijf voor een aftandse hoer
Kanonnenvoer

Aan de toog van de oude taverne

Verdrinken zij pijn en soldij
Zingen lallend op weg terug naar de kazerne
Vandaag waren wij er niet bij
Zolang zij nog doorgaan
Neemt de oorlog geen keer
Maar zonder Jan en zijn maat
Is het leger niets meer
Kanonnen zwijgen bij gebrek aan voer
Leve de arbeider boer

Arbeider boer
Niet bang voor de duvel en zijn ouwe moer
Draaiden de kliek van de bazen een loer
Arbeider boer

Uit: Manuscript De Komiek (1980)
Muziek: Wannes van de Velde

Kauwgom

Het huwelijk is vrouw en man
Je werk je hobby een romance
Met de buurvrouw van beneden alle peil
Je zag haar lopen je werd geil
Nu lig je op haar buik
Natuurlijk was je fout
Terwijl je op haar tepels kauwt

Kauw kauw kauw kauwgom
Je eet het niet je proeft het niet
Kauw kauw kauw kauwgom
De smaak is raak heeft je te pakken
Maar meestal blijft het plakken

Je spuugt haar uit ze valt uit bed
Je zit gevangen in een net
Gezogen kamer op vier hoog
stens voor een keer zei je alweer

Nu ligt ze op de grond
Natuurlijk was je fout
Terwijl ze op de vaste vloerbedekking kauwt

Kauw kauw kauw kauwgom
Na twee minuten is de smaak er af
Kauw kauw kauw kauwgom
Maar je kauwt wel door
Daar is het kauwgom voor

Dan tegen je eigen vrouw weer schat
Het spijt me zo verschrikkelijk dat
We toffe jongens zijn en het is over
geven op de plee je weet ik zeg zo moeilijk nee
De thermostaat op twintig
Maar omdat je van jezelf niet houdt
Blijf je van binnen koud

Kauw kauw kauw kauwgom
Je eet het niet je proeft het niet
Kauw kauw kauw kauwgom
De smaak is raak heeft je te pakken
Maar meestal blijft het plakken

Uit: Ik ben volmaakt gelukkig (1978)

Kinderen blijven hinderen

De harten waarin eens de liefde woonde
Zijn versteend ze zitten vol met haat
De mens die zich voorheen zo levenslustig toonde
Staat te knoeien met zijn zaad
Al ligt de halve mensheid dood te bloeden
Zij zal nooit in tal verminderen
Alleen een wonder kan het ras behoeden
Vanwaar komen toch de kinderen

De wereld waarop eens het leven tierde

Is verdord de verse lucht is op
De president die tot voor kort triomfen vierde
Drukte op zijn oorlogsknop
De president had het wel aan zien komen
Maar hij kon het niet verhinderen
Vaak had hij commerciële vredesdromen
Maar hij droomde nooit van kinderen

De gronden waarop eens de kinderen groeiden
Zijn te moe en de maagdenbron is droog
De goede man die tot nu de kinderbomen snoeide
Is gevlogen in de hemelboog
De goede man had al zo'n vaag vermoeden
Kinderen blijven altijd hinderen
Die je met je liefde op moet voeden
En wie houdt er dan van kinderen

Uit: LP Neerlands Hoop in Bange Dagen (1969)

Krokodilleleer

Daar peddelen krokodillenjagers
Naar het krokodillenmeer
Gesterkt omdat er steeds meer vraag is
Naar soepel krokodilleleer
Daar drijven ze vermomd als bomen
In hun krokodillenmeer
En wachten tot de jagers komen
Leer om krokodilleleer

Krokodilleleer
De mensen willen meer
De zeehonden zijn op
Krokodil let op

Daar trekken jagers opgewonden
Een krokodil dood op de wal
En lopen zonder dat ze het weten

In een oude krokodillenval
De stoere jagers staan voor joker
Als de dode dil nog bijt
En met een gevulde peniskoker
In het koele water glijdt

Krokodilleleer
De mensen willen meer
De zeehonden zijn uit
Krokodillehuid

Drie dagen peddelt al een jager
Stroomopwaarts naar zijn huis
Maar het is ook moeilijk peddelen
Met één hand in je kruis
Nu wou ik u nog één ding vragen
Of het al opgevallen was
Dat je geen krokodil ziet dragen
Maar wel hier en daar een jagerstas

Uit: LP Neerlands Hoop in Panama (1971)

Kunst- en vliegwerk

In de kunstmaan zitten
Met een kunstbloem in je haar
Zij heeft wel de pil genomen
Dus we lopen geen gevaar
Want je kunsthart mag niet breken
Transplantaties zijn te duur
Ik geef jou een glazen knipoog
Warm je aan mijn koude vuur

Ga niet weg van je balkon
Blijf zitten waar je zit
Wereld onder hoogtezon
Openbaar kunstbezit
Herkauw wat je niet verzon

Spuug uit die pit
Wereld onder hoogtezon
Openbaar kunstgebit

Op het plastic tafellaken
Staat het kunstvlees klaargezet
Maar de roestvrij stalen messen
Dromen nog van paardenvet
Want je kunstmaag mag niet zweren
Pas op dat je niet stikt
Jij zult niet de eerste wezen
Die zich in de kunst verslikt

Spring een gat in de kunstlucht
Snuif de spuitbus dennegeur
Op je rode appelwangen
After-shave max factor kleur
Want je kunstlong mag niet lekken
Denk daaraan als je weer zucht
Probeer je leven maar te rekken
In je zelfbesmette lucht

Maar het bloed zal blijven stromen
Waar het eigenlijk niet kan gaan
De wind zal spelen met de bomen
Die nog in de aarde staan
Golven zullen rotsen slijten
Om zand te brengen aan het strand
De mens zal de atomen splijten
En zijn eigen kunstverstand

Uit: Neerlands Hoop in Bange Dagen (1968)

Kijk dat is Kees

Kijk dat is Kees
Hij is niet goed
Dat kun je zien aan zijn gezicht
Hij heeft van die vreemde oren
Zijn tanden staan te ver naar voren
En zijn mond kan niet meer dicht

Kijk daar rijdt Kees
In de bus
Samen met zijn vriendjes
Naar de school gebracht
Hij is pas zeven dagen zeven
Hij kan zijn goede hand al geven
Zeggen zijn ouders
Veel te zacht

Soms zit Kees hele dagen
In zijn spiegeltje te kijken
Hij ziet zichzelf
Hij ziet zichzelf
Maar hij vindt het beeld niet lijken
Dan zegt hij
Morgen
Morgen word ik acht
Kijk
Zeggen dan zijn ouders
Dat is onze Kees
En hij lacht

Kijk daar ligt Kees
In de natuur
Hij zegt
Ik ben een kind van God
En hij hoort bij alle bloemen
Die hij niet bij naam kan noemen
Wij wel

Kijk daar loopt Kees
In onze wereld

Vandaag of morgen onder een tram
En als ik hem af moest leggen
Zou ik tot zijn ouders zeggen
Dat het beter was
Voor hem

Kijk dat is Kees
Of durf je niet te kijken

Uit: Neerlands Hoop in Panama (1971)

Laat het nooit afgelopen zijn

We zaten samen bij de open haard
Moeder huilde vader hield zich groot
Er werd weemoedig naar het vuur gestaard
Niemand durfde zeggen *opa is dood*
Nee ze zeiden wat je zeggen moet
Hij wou met jou die bal nog kopen
Gisteren ging het weer zo goed
En nou is het afgelopen

Laat het nooit afgelopen zijn
Nee het mag niet aflopen
Al doet jouw lichaam nog zo'n pijn
Ik wil met jou die bal nog kopen
Laat het nooit afgelopen zijn

We liepen hand in hand door het plantsoen
Ik zag ons al als bruidegom en bruid
Mijn lippen tuitten al bij voorbaat van haar zoen
En ze durfde niet te zeggen *het is uit*
We liepen samen door tot aan het hek
Ik hield voor haar het poortje open
Toen zei ze *het klinkt misschien een beetje gek*
Maar tussen ons is het afgelopen

Laat het nooit afgelopen zijn

Nee het mag niet aflopen
Al is de liefde nog zo klein
Laat me nog een beetje hopen
Laat het nooit afgelopen zijn

Kinderen zijn hinderen zei vader trots
Zelf heb ik een jongen en een meid
Net ben je bevrijd van poep en kots
Tracteren ze je op hun puberteit
Je portemonnee ligt omgekeerd
Zeker samen lego kopen
Je vulpen leeg je video gedemonteerd
Is dit nu eindelijk afgelopen

O laat het nooit afgelopen zijn
Nee het mag niet aflopen
Ik hou ze nog zo graag een beetje klein
Maar o die disco staat zo open
Laat het nooit afgelopen zijn

Wie er ook ontwapenen wil
De ander gaat er steevast tegenin
Altijd *hij wil niet ik wil wel*
Niemand durft te zeggen *ik begin*
Krijgt de één de kolder in zijn kop
Hoeft hij zijn pen maar in de inkt te dopen
Drukt een ander voor hem op de knop
En dan is het afgelopen

Laat het nooit afgelopen zijn
Nee het mag niet aflopen
Hoewel woorden zinloos zijn
Hou het doek nog even open
Laat het nooit afgelopen zijn

Uit: De Mythe (1983)
Muziek: Willem Breuker

Laat maar

Ik ben blij dat je nog op bent
Mijn God wat ben ik moe
Ik heb geen zin meer om te praten
Kom we gaan naar bedje toe
Ik ben weer boos op de chef geworden
Maar dat helpt geen fluit
Die is nu eenmaal
Ach laat maar laat maar
Ach laat maar laat maar
Wacht ik doe je laarzen uit

Nog drie dossiers om vijf uur
En ik was de klos
Het lijkt wel of ik altijd
Wacht ik maak je rits wel los
Als die anderen eens wat zeiden
Maar die zijn te laf
Veel te bang voor hun baas en hun vrouw
Ach laat maar laat maar
Ach laat maar laat maar
Wacht ik droog je rug wel af

Tussen de middag
Moesten ze zo nodig naar de peepshow toe
Voor een piekie kutje kijken
Vreemd gaan met je ogen mag van moe
Samen kijken door het spleetje
Naar de tieten en het reetje
Van een kneus
Valt het gordijn dan weet je
Je krijgt je lid weer op je neus

Allemaal zo huichelachtig
Maar ik heb ze door
Overdag zó'n smoel en dan 's avonds
Wacht ik trek wel door
Je moet een nieuwe nachtpon kopen
Maar dan zonder ruit
Want dit danst zo voor mijn ogen
Wacht ik doe het licht wel uit

Weet je dat ik helemaal geen zin had
Ik was moe pijn in mijn kop
Ik wou eigenlijk meteen gaan slapen
Wacht ik haal de handdoek op
Heb je lang op me liggen wachten
Ik zal het nooit meer doen
Maar er lagen drie dossiers om vijf uur
Ach laat maar laat maar
Ach laat maar laat maar
Wacht dan krijg je nog een zoen

Uit: Neerlands Hoop Code (1978)

Lauwe cola ouwe platen

Mijn cola staat half uitgedronken
Twee krukken verder staat een stuk
Naar mij en naar mijn geld te lonken
Ik heb geen geld en geen geluk
Zij loopt langs mij met een smoesje
Slaat haar geverfde ogen neer
Mijn ogen vallen op haar bloesje
De knoopjes houden het niet meer

Lauwe cola ouwe platen
En de juke-box loopt te traag
Ik denk dat ik een scheet moet laten
Want het drukt zo op m'n maag

De ketchup spuit tussen mijn brood weg
En maakt vlekken op haar jack
Als ik *je bent veel mooier bloot* zeg
Zegt zij *ach oetlul hou je bek*
Toch probeer ik haar te zoenen
En er valt weer zo'n kledder rood
Nu op mijn blauw-suède schoenen
En ik denk klerewijf val dood

Lauwe cola ouwe platen
En mijn hamburger is koud
Ik heb nog steeds geen scheet gelaten
En ik voel me zo benauwd

Een kale vetkuif komt haar halen
Ziet er zo indrukwekkend uit
Dat ik zonder te betalen
Naar buiten en mijn brommer spuit
Zijn motor is natuurlijk sneller
En ieder stoplicht springt op rood
Ik kijk smekend op mijn teller
Ik rijd een straat in die loopt dood

Blauwe plekken broek vol gaten
Maar mijn dag is goed vandaag
Ik heb zojuist die scheet gelaten
Door die klap hier in mijn maag

Uit: Neerlands Hoop Express (1973)

Lekker mens

Een mens is deksels lekker
En zeer gevarieerd
Lekkere nek en lekker bekken
Vooral gemarineerd
Soms denk je één seconde
Als je zit te smullen van een man
Wat is het eigenlijk zonde
Dat hij zichzelf niet proeven kan

Ik kan mij de tijd nog heugen
Dat ik oksel lekker vond
Maar sinds ik me in één verslikt heb
Zweer ik nog slechts bij kont
Met een lekker stukkie zitvlees
Ben ik al snel content

Ik heb me voor een poeperd
Vaak uit de naad gerend

Een kont is deksels lekker
Vooral in ui gesmoord
De echte lekkerbekken
Doen voor een kont een moord
En wat je dan zou willen
Als je zit te smullen van zo'n kont
Dat je bij je eigen billen
Kon komen met je mond

Ik houd meer van dieren
Maar dan ook allemaal
Hazen tot en met slakken
Van week- via on- tot schaal-
Zo'n beest wordt gefokt in een hok
Het voordeel daarvan is
Dat het nooit de natuur te zien krijgt
En haar dus ook niet mist

Een dier is deksels lekker
Mits goed geprepareerd
Met kleurstof en hormonen
Met knoflook gelardeerd
Met wat patat en veldsla
Is en blijft vlees een feest
Ondanks de pukkels en de racekak
Houd ik het meest van beest

Over beest kan ik niet oordelen
Ik houd alleen van oor
Oorspronkelijk een hoofdgerecht
Maar ik eet het ook ervoor
Flaporen bloemkooloren
Ik versnoep mijn oren snel
En vraagt de vrouw *een toetje*
Zeg ik *geef mij nog maar een lel*

Een oor is deksels lekker
Mijn hooggeacht gehoor
Smulpapen lekkerbekken

Leen mij ook uw oor
Ik lust een oor gebraden
Gehakt gekookt gestoofd
Ik at als kind mijn vader
Reeds de oren van het hoofd

Uit: Een kannibaal als jij en ik (1975)

Leven na de dood

Als je heel diep in de put zit
Of je ligt pas in de goot
Moet je weten
Er is leven na de dood

Als je tijdens de bevalling
Bent blijven steken in de schoot
Moet je weten
Er is leven na de dood

Na de dood
Na de dood
Er is leven
Leven na de dood

Volgens mijn vader in de hemel
Is het alle dagen feest
En mijn vader kan het weten
Want die is er geweest

Toen je zwaar in de problemen
Een kogel door je kanis schoot
Was dat zinloos
Er is leven na de dood

Ja je dacht dat je verlost was
Toen je man zijn ogen sloot
Het spijt me
Er is leven na de dood

Na de dood
Na de dood
Er is leven
Leven na de dood

Ik wil mijn vader graag geloven
Ik zal voortgaan in zijn geest
Want als hij me niet verwekt had
Dan was ik er niet geweest

Als er nergens een wc is
En je zit in hoge nood
Is er altijd wel
Een hegje of een sloot

Je dacht dat je revolver leeg was
Toen je voor het geintje schoot
Nou daar ligt hij
Je zwagers pittbull dood

Hij is dood
Maar geen nood
Er is leven
Leven na de dood

Heb je je doodsangst overwonnen
Wordt het alle dagen feest
Dus vandaag nog maar begonnen
Voor je het weet ben je er geweest

Uit: De Volgende (1989)
Muziek: Bob Dylan. Bewerking van Death is not the end

Liedje om in het donker te zingen

De avond valt
De dag is stuk
De dronkaard lalt
Wat is geluk

De morgen naakt
Ik kleed me aan
De dronkaard braakt
Onaangedaan

Ik pak mijn fiets
De dronkaard gaapt
De nacht is niets
Voor wie goed slaapt

Uit: VARA-tv, De avond valt (1970)

Liedje van verlangen

Ach was ik een vogel
Een jager voor mijn part
Desnoods de kogel
Die je raakte in je hart
Ach wat ik wou wel alles zijn
Zelfs burgerlijk en trouw
Als ik bij jou bij jou kon zijn
Als ik kon zijn bij jou

Ach was ik maar een oorbel
Bengelend aan je oor
Desnoods het voorspel
Dan speelde ik je voor
Ach wat ik wou wel alles zijn
Als ik zijn kon wat ik wou
Als ik bij jou bij jou kon zijn
Als ik kon zijn bij jou

Ik probeerde te ontkomen
Fantaseerde erop los
Vluchten reizen dromen
Zag veel bomen weinig bos
In de drukte van het gedrang en
In de stilte der woestijn
Groeide stilaan het verlangen
Naar het bij jou te zijn

Ach was ik Casanova
Of de broer van Derek de Lint
Zo liep ik naar de spermabank
Stortte ons eerste kind
Misschien als ik niemand was
En nergens wezen zou
Dat ik bij jou bij jou kon zijn
Dat ik kon zijn bij jou

Verliefdheid is begeerte
Naar de wellust van de daad
Liefde is meer te vinden
In het eitje bij het zaad
Gevangen in de geilheid
Van een verre vreemde vrouw
Groeide verlangen naar de vrijheid
Van het te zijn bij jou

Van het te zijn bij jou

Uit: Het damestasje (1987)
Muziek: Henny Vrienten

Loom

Loom
Ongelooflijk loom
Mijn kont plakt aan het kussen
Mijn zool kleeft aan het kleed

Ik neem de tijd er tussen
Ik denk dat ik besta denk ik bezweet
Want ik ben loom
Zo loom
Niet sloom
Nee sloom is suf
Loom
Net niet duf
Sloom is kwijl
Loom is geil
Kleine verschillen
Tussen daad en droom
Kunnen maar niet willen
Loom

Vannacht nog woedend in mijn bed
Boos op wie en wat niet al
Ik maakte korte metten met
Pikte niks wacht maar ik zal
Ze een poepie laten ruiken
De duvel en zijn ouwe moer
Eenmaal wakker niks geen poepie
Zelfs de fut niet voor een boer

Toen de wekker wakker werd
Zat ik vol levenslust
Voor ik de douche had aangezet
Was ik al uitgeblust
Ik schonk mezelf een borrel in
In plaats van thee bij het ontbijt
Ik heb nu helemaal geen zin
Maar dat lome ben ik kwijt

Lam
Ongelooflijk lam
Ik sta te tollen op mijn benen
Mijn tong kleeft aan mijn huig
Ik hoef geen stofzuiger te lenen
Want ik klop ik veeg ik zuig
Want ik ben lam
Zo lam
Niet slam

Want wat is dat
Nee lam
Lam is zat
Slam is mals
Tam is mal
Sneller kreeg nog nooit
Een ooi van een ram
Lam

Uit: De Pretentie (1987)
Muziek: Freek de Jonge

Maria Dolores

Oh Maria Dolores
Van jouw soort is er maar een
Ik vloog van Ankara tot Londen
Maar nu heb ik jou gevonden
Ga nu nooit meer van mij heen

Een vrouw als jij
Is niet te vinden
In de buurt van Appelscha
Wel op de Panamese pampa's
Waar je naast de lama's staat

Al ben je van de honger
Ook nog zo mager als een lat
Toch blijf jij voor mij op aarde
De aller-allergrootste schat

Oh Maria Dolores
Hoor eens wat ik zeggen wil
Wat is de tijd voorbij gevlogen
Zelden zag ik zulke ogen
Komt dat door jouw nieuwe bril

Niet alleen het montuur

Maar ook de glazen
Hebben zo iets ongegronds
Heb je alles zelf betaald
Of kreeg je hem van het ziekenfonds

Oh Maria Dolores
Sores heb ik niet met jou
Als ik voel hoe jij me kuste
Zal ik echt niet eerder rusten
Voor we wettig zijn getrouwd

Uit: Neerlands Hoop in Panama (1971)

Mayonaise

De zure stank is niet te harden
Net zo min als het lawaai
Daar waar ze dagelijks deksels
Op mayonaisepotten draait
Als ze 's middags 5.15
Haar hoge hielen licht
Zitten 6.036 mayonaisepotten
Dicht

Buiten adem nogal stinkend
Naar zweet maar vooral azijn
Springt ze om 5.48
Op haar intercitytrein
Heeft de trein dan geen vertraging
Komt ze om 6.18 aan
Daar de kantoren eerder sluiten
Heeft ze dat ½ uur moeten staan

Ze eet haar prak zonder te proeven
Die avond is het prei
Ze bakt patat
En neemt er automatisch mayonaise bij
Ze gaat die avond niet naar dansles

Te moe en helemaal geen zin
Ze bladert vluchtig door de Viva
Maar er staat voor haar niets in

Vader heeft geen nieuws te melden
Ze is blij als ze naar bed toe mag
Ze ligt er in iets over elven
Morgen is het weer vroeg dag
De trein de prikklok de kantine
Eens per uur naar het toilet
En ondertussen 6.036 deksels
Klem gezet

Ze sluit steeds hetzelfde aantal
Aan de band voldoet ze goed
Een keer in de maand wat minder
Omdat ze dan wat vaker moet

Uit: Neerlands Hoop Express (1973)

Mens durf te sterven

Eens was er een tijd dat de lucht die ik snoof
Fris was me vrijheid kon geven
De lucht was de hemel en God mijn geloof
En ik zong er van mens durf te leven
De hemel was blauw wat was ik nog groen
Bedrijvig nijver gedreven
Ik kon het niet laten te veel te doen
En ik zong er van mens durf te leven

Die naïeve tijd van niets aan de hand
Tot ik leerde schrijven en lezen
Met Marx kwamen de jaren en het verstand
Door hem heb ik God afgewezen
Opium van het volk was het woord
Ik kon in iets anders geloven
De strijd voor de klasse God stikte de moord
En met hem de filosofen

We kregen het goed nog beter en best
Door macht en door geldzucht gedreven
Hebben we lucht en water verpest
En we zongen van mens durf te leven
Gedreven door doodsangst deed iedereen mee
Om wat erin zat er ook uit te halen
Uitgehold opgefokt degeneree
Verlamd door de angst om te falen

Dit was mijn lied en dan nu de moraal
Laat niet doodsangst je leven bederven
Je wil is maar klein en het gaat als het gaat
Ik wil zingen van mens durf te sterven
Want je leeft maar één keer je gaat duizend keer dood
Wat zullen je kinderen erven
Idealisme de zilveren vloot
Ik wil zingen van mens durf te sterven

Uit: De Komiek (1980)
Muziek: Wannes van de Velde

Merck toch uw zerck

Eens zullen kale rotsen begroeid zijn
Eens zullen dorre woestijnen bevloeid zijn
Dan zullen de mensen spelen
De machine doet het werk
Niemand hoeft nog te bevelen
Maar het eindpunt blijft altijd een zerk

Eens zullen woeste rivieren getemd zijn
Eens zullen grote meren gedempt zijn
Dan zullen de mensen zingen
Over liefde en geluk
Maar hoe ze ook dansen dansen en springen
De dood blijft altijd een juk

Eens zullen alle magen gevuld zijn

Zal de dood nog slechts een kwestie van geduld zijn
Toch zullen de mensen blijven dromen
In en buiten de kerk
Hoe ze aan dat juk kunnen ontkomen
Of wat komt er na die zerk

Uitgebracht op single onder de titel
De Paradijsvogels (1967)

Misère

Je ziet ze weer de oude vagebonden
Je ziet ze weer de schatgravers in troep
De eerste uitgehongerde is al gevonden
Dus er komt snel een comité voor erwtensoep
Je ziet ze weer in kouwe wachtlokalen
Ze staan weer in de rij bij het loket
En in buurthuizen en kathedralen
Worden schuchter collectebussen neergezet

Je hoort de vakbonden nog roepen
Sta op verworpenen der aarde en ontwaak
Maar je kunt geen kind verbieden om te snoepen
Nu zijn de rakkers mak na hun gestaak
De wereld wentelt weer in de misère
De crisis heeft zich wijd en zijd vertakt
Ze plukken van een kale kip nog veren
Een stuiver wordt voor een dubbeltje gepakt

Ze lieten zich als makke koeien merken
Men stopte ze in hokken A.O.W.A.O.W.W.
Zij die niet konden mochten hoefden wilden werken
Het gras was groen zij graasden gretig mee
Maar ach de wei werd kaal en schraler
Ze konden niet meer met de grote kudde mee
Zij die dachten dat hun merken rechten waren
Maar welk recht heeft gebrandmerkt vee

Het recht van wachtenden op het slachthuis
Onwetenden van het naderend genadeschot
Want het recht woont waar de macht huist
En wie de macht heeft dié bepaald het lot
De wereld wentelt weer in de misère
De koersen stijgen maar het levenspeil dat zakt
Vrouwen proberen zich te emanciperen
Maar worden onderhand dubbel gepakt

Je ziet weer hoe de legers langzaam groeien
De kouwe oorlog haalt de economie uit het slop
Geen kunst de kunstenaar daar kun je op besnoeien
Kom geef de generaal er nog een schepje bovenop
Maar waarom zijn er nog zoveel soldaten
Eén druk op de knop dat is het gevecht
Als men de bom de bom zou laten
Kan dat conventionele leger weg

Zo blijft de historie zich herhalen
Want wie met zijn kont op het groene kussen zit
Heeft geen oor voor argumenten en verhalen
Die plukt een kip en rijgt hem dan aan het spit
De wereld wentelt weer in de misère
Er vallen spaanders het is de botte bijl die hakt
En wie het niet zint verhuist maar naar Almère
Wie weinig heeft heeft zijn koffers snel gepakt

Je ziet ze weer zij die het niet meer weten
Ze staan weer in de rij voor een profeet
Ze roepen weer hosánna klampen zich gretig
Vast aan hem van wie gezegd wordt dat hij het weet
Hij zegt de wereld wentelt weer in de misère
De weerstand van het menselijk ras verzwakt
Zolang je hangen blijft aan de materie
Kun je pakken tot je wordt gepakt

Gaten in hun handen
Gaten in hun zak
Zelf niks in de gaten
Altijd maar gepakt
Het liep niet in de gaten
Ze zagen steeds een gat

Altijd maar gelaten
Nooit geen erg gehad

Uit: Stroman & Trawanten (1984)
Muziek: Willem Breuker

Morgen ben je de bruid

Marie Thérèse gaat vanavond naar een feest
Marie Thérèse
Zij heeft met haar vriendin gewed
Marie Thérèse
Dat zij haar bustehouder uit zou laten
Om een blokje hasj

Marie Thérèse heeft nog nooit gerookt
Marie Thérèse
Laat staan dat zij een dealer kent
Marie Thérèse
En die bustehouder die heeft ze ook nog aan
Marie Thérèse
Natuurlijk

Marie Thérèse
Wordt gezien vannacht
Marie Marie Thérèse
Ziet er enig uit
Marie Marie Marie Thérèse
Wordt misschien verkracht olala
Marie Thérèse doe dat ding toch uit
Marie Thérèse doe dat ding toch uit
Marie Thérèse morgen ben je de bruid

Uit: LP Ik ben volmaakt gelukkig (1978)

Neerlands Hoop Express

Een voorstelling is snel bedacht
Maar het wordt zo gauw een sleur
Wie nu nog een taboe zoekt
Komt altijd voor een open deur
Dan begin je met een borreltje
En dat eindigt met de fles
Daarom heb ik nu gekozen
Voor de Neerlands Hoop Express

Ik ben nog jong maar op het toneel
Heb ik alles al gedaan
Behalve voor ons koningshuis
Heb ik voor iedereen gestaan
Dus moest er wat gebeuren
Voor ik zo maf werd als de rest
Dat heb ik nu gevonden
In de Neerlands Hoop Express

In Kopenhagen lagen
De groupies op de loer
Nu lig ik liever in de duinen
Dan op een stenen vloer
Het waren er wel twintig
Toch kwam ik maar tot zes
Want ik moest nog weer op tijd zijn
Voor de Neerlands Hoop Express

We reden dwars door Londen
Veel te hard we waren laat
We reden aan de linkerkant
Maar van een éénrichtingsstraat
Toen we onszelf niet meer herkenden
Ten gevolge van die crash
Zei een chick *dat zijn de members*
Van de Neerlands Hoop Express

We traden in Berlijn op
En pisten tegen de muur
Tot ergernis der vopo's

Zij openden het vuur
Er volgden arrestaties
En er volgde een proces
Wij stierven voor het vaderland
En de Neerlands Hoop Express

Uit: Neerlands Hoop Express (1973)

Niets aan de hand

Op station CS
Stapt met mij een Molukker in
Hij draagt een plastic tas ik vraag me af
Wat zit erin

Niets aan de hand

Ik blus mijn angst
Wat zit er in die tas
Dan stapt hij ook nog mijn coupé in zie ik
Dwars door mijn krant

Niets aan de hand

Hij zit twee banken verder
Onder een oor van Van Gogh
Waarom wordt op het station
Zo'n tas niet doorgezocht

Niets aan de hand

Ik pak een sigaret
Gele trein op TV
Dan komt hij dreigend op mij af zegt
Niet Roken coupé

Niets aan de hand
Niet Roken coupé

Intercity trein
Niets aan de hand

Uit: LP Ik ben volmaakt gelukkig (1978)

Nieuwe woorden leren

Jongens als de bliksem naar de gang
Pa gaat zijn nieuwe boor proberen
Er moet een reproductie aan de wand
Dat wordt weer nieuwe woorden leren
De boor schiet door de muur heen
En het gat is veel te ruim
En als hij op de plug slaat
Slaat hij keihard op zijn duim

Godverdomme krijg de kanker sodebillenpokken pest
Vuile tyfushoer die kloteboor val dood en
Krijg de kolere
Wij blijven staan
Geheel ontdaan
En geven vlug
De plug terug
In de hoop dat hij het nog eens zal proberen

Jongens vlug naar de deur van de douche
Dat wordt weer nieuwe woorden leren
Het elektrisch scheergerief is stuk
Pa moet zich met een mesje scheren
Wij blijven achter de deur staan
Tot hij zich scheren gaat
Als het mesje op zijn wang staat
Schreeuwen we *goeiemorgen pa*

Godverdomme krijg de kanker sodebillenpokken pest
Vuile tyfushoer dat klotemes val dood en
Krijg de kolere
Wij staan erbij

Met schrift en pen
En doen het spel
Wie van het stel
De meeste vloeken kan noteren

Jongens als de bliksem naar de hal
Pa gaat een plingplongbel monteren
Volgens hem hoeven de stoppen er niet uit
Dat wordt weer nieuwe woorden leren
Er zit wel een transformator
Tussen die draadjes en de bel
Maar dat ding sluit je aan op het lichtnet
En die spanning voel je wel

Wij staan klaar om te noteren
Maar pa ligt roerloos op de grond
Zou hij overleden wezen
Met een glimlach om zijn mond

Uit: Interieur (1976)

Nooit meer

Waarom wordt er op deze aarde
Zo lang en oeverloos geluld
Ik ben een demokraat
Een linksgeaarde
Maar er komt een eind
Aan mijn geduld

Nooit meer straks
Misschien of morgen
Later eens
Eventueel wie weet
Hoewel het heeft geen zin
Altijd juist nu meteen
En ondanks alles
Zou ik willen zeggen

Ja meer nog
Desalniettemin

Nooit meer laatst
Een keer of gisteren
Voor de oorlog
Toen opa er nog was
Toen hadden we de kans
Altijd juist nu meteen
En ondanks alles
Zou ik willen zeggen
Ja meer nog
Evenwel noch tans

Je moet niet wanhopen of treuren
Om de mensen en de dingen om je heen
Zo ooit dan moet het nu gebeuren
Daar worden we het hoop ik over eens
Eens

Uit: Neerlands Hoop Code (1978)

Onontloken bloemenperken

Onontloken bloemenperken
Waar blijft toch die witte tijd
Nauwelijks het zoemen merken
Van een afgezaagde geit
Volle maanzaadbroodjesbakker
Komt er nog wat van vannacht
Rulle aarde klootjeshakker
Ik heb nu lang genoeg gewacht

Storm in een glas waterschade
Steek je nu nog op of niet
Ik wil geen woorden later daden
Wat ligt er nog in mijn verschiet
Waterbleke meisjeskonen

Morgen wordt een blauwe dag
Ik weet nu waar de wijsjes wonen
Na jou prodentiële lach

In de hoogte zonnewijzer
Liefde is een heerlijk ding
Hij gunt zelfs de overwonnen keizer
Tot slot nog een verovering
Godvergeten kleurenblinde
Liefde is een regenboog
Jij die zonder zeuren minde
Toverbal waaraan ik zoog

Uit: Neerlands Hoop in Bange Dagen (1968)

Oorlog en vrede

De zanger zingt een liedje
Bij wijze van protest
Hij is erg voor de vrede
En zeer tegen de rest
De mensen zingen vrolijk mee
Ze kennen het refrein
We shall overcome
Dat we toffe jongens zijn
Maar iemand uit de massa
Die roept *wat zing je tam*
Ik vond je vroeger beter
Ten tijde van Vietnam
Ja zegt de zanger somber
Mijnheer dat is zeer waar
Vrede is mooi voor de mensen
Maar slecht voor mijn repertoire

Dominee op de kansel
Preekt nooit meer over God
Weg met de voorbeschikking
In eigen hand dat lot

Bij voorbeeld in Zuid-Afrika
Waar het droevig is gesteld
Daar moet iets aan veranderen
Desnoods met geweld
Maar iemand uit het kerkvolk
Die roept *waar ligt de grens*
Als Jezus geweldloosheid was
Geldt dat niet voor de mens
Dominee lijkt solidair
Maar zijn woorden klinken hol
In de vrede zijn de kerken leeg
In de oorlog zijn ze vol

Papa zit op zijn praatstoel
De kinderen luisteren zoet
Het is een oud geliefd verhaal
Over een man met moed
De Moffen weerzinwekkend
De oorlog was o zo link
En opa redde Joden
Want o pa was zo flink
Dan vraagt de oudste zoon
Bij wijze van een grapje *pap*
Als opa toen zo flink was
Hoe kom jij nu zo slap
Ja zegt de vader blozend
Dat heb je er nu van
De vrede kweekt slapjanussen
De oorlog maakt je man

En ergens op een slagveld
Rust de soldaat in vrede
Kruis op zijn kop
En zijn as in een urn
Hij heeft de strijd gestreden
Voor God Koningin en Vaderland
Voor het heilig ideaal
Oorlog dat wil niemand
We willen vrede allemaal

Uit: De Openbaring (1982)
Muziek: Henny Vrienten

Op de grens van dood en leven

Ik dacht dat jij zo hard was vader
Als je mij hebt opgevoed
Nu zie ik dat je staat te huilen
Als een kind dat doet mij goed

Ik dacht dat je een kind was jongen
Zonder plannen zonder moed
Maar wat lijk je op je vader
Je bent iemand dat doet me goed

Ik ben niet lang meer bij je jongen
Omdat ik naar de dood verlang
Kijk jij maar voor je in de toekomst
Ik ben al lang niet meer zo bang

Ik ga je snel verlaten vader
De dag is kort de weg is lang
Kijk maar zo lang de andere kant op
Ik ben al lang niet meer zo bang

Op de grens van dood en leven
Op de grens van nieuw en oud
Zul je zien al is het maar even
Wie er werkelijk van je houdt
Dan elkaar dat steuntje geven
Ik ben (jij bent) oud en jij bent (ik ben) groot
Bang voor het doodgaan na het leven
Bang voor het leven na de dood

Uit: Een kannibaal als jij en ik (1975)

Opa

De bank kijkt uit over het grasveld
En opa strompelt er naar toe
Buiten adem ploft hij op de zitting
Hij heeft nog niets gedaan en is al moe
Hij kwam vertellen dat hij stuurman op een schip was
En alle kinderen mochten gratis mee
Dan voelde hij het roer weer in zijn handen
Op de bank die brug was en het gras zee

De bal blijft achter op het grasveld
Alle kinderen rennen naar hem toe
Opa vertel nog eens van vroeger
Nee ga maar spelen opa is een beetje moe
De kinderen gaan niet ze blijven rustig wachten
Dat zegt hij altijd voor een fijn verhaal
In een kring zitten ze rond zijn voeten
Hij kijkt naar de gezichten herkent ze allemaal

Maar ditmaal schiet hem niets te binnen
Hij is vergeten hoe het was
Als hij zich eindelijk weer iets herinnert
Spelen de kinderen allang weer op het gras
Opa kijkt uit over het grasveld
Nu begrijpt hij wat de bootsman heeft bedoeld
Toen die zei *een stuurman moet het schip verlaten*
Als hij geen roer meer in zijn handen voelt

Uit: Plankenkoorts (1972)

Oud en eenzaam

Oud en eenzaam wil ik worden
Bevrijd van verantwoordelijkheid
Verlost van het gezeik
Op een schommelstoel voor het raam

Wil ik naar buiten kijken
Zelfbewust en overtuigd van mijn gelijk

Pas als vriend en vijand dood zijn en begraven
Zeg ik doodgemoedereerd
Haal mij maar op
Oud en eenzaam wil ik worden
Met een bord van hier tot ginder
Voor mijn kop

Oud en eenzaam wil ik worden
Klaar zijn met het leven
Met nog een allerlaatste wens
Oud en eenzaam wil ik sterven
Niemand erbij
En ook op mijn begrafenis
Geen mens

Uit: Neerlands Hoop Code (1978)

Ouwe gitarist

Mijn generatie
Regeert de natie
Zo word je oud
Mijn psychiater
Zegt altijd *later*
Het laat hem koud

Snakken naar adem
En happen naar lucht
Kat in het nauw
De dans ontsprongen
Misschien ontvlucht
Zonder berouw

Sterven in het harnas
Wat meer dan een verlangen is

En het moet klinken
Als een scheur
In de muur van de gevangenis

Uit: Neerlands Hoop Code (1978)

Plankenkoorts

Plankenkoorts plankenkoorts
Hoort zegt het voort
Het woord *plankenkoorts*
Elke avond eventjes
Die kriebel in je maag
Die twijfel in je lijf
Of het wel lukken zal vandaag
Je frunnikt aan je strikje
Haalt je vinger door je boord
Herhaalt nog even snel
De eerste regel woord voor woord
Plankenkoorts plankenkoorts
Hoort zegt het voort
Het woord *plankenkoorts*

De Duitse dirigent heeft het bij aanvang weer vertikt
De degenslikker heeft zijn gouden tanden ingeslikt
De striptease-danseres is haar tepeltjes vergeten
En deze die ze nu aan heeft zijn werkelijk versleten

Plankenkoorts plankenkoorts
Hoort zegt het voort
Het woord *plankenkoorts*
Elke avond moet je
Vlak tevoren naar het toilet
Dat natuurlijk net
Door een van je collega's wordt bezet
Dan stamel je maar *sorry*
Dat ik je heb gestoord
En samen zing je dan

164

De eerste regel woord voor woord
Plankenkoorts plankenkoorts
Hoort zegt het voort
Het woord *plankenkoorts*

Een beginnend ballerinaatje sluit net te laat de rij
De dompteur heeft na een leeuwenhap
zijn hoofd er niet meer bij
De jarige jongleur doet iets met zijn ballen
En roept nu met hoge stem
Er zal geen vrouw meer op mij vallen

Plankenkoorts plankenkoorts
Wie heeft nog nooit gehoord van
Het woord *plankenkoorts*
Ik ben haast geestelijk gestoord
Door *plankenkoorts*
Heeft een koorddanser ook last
Van *plankenkoorts*
Het is een poort daar moet je door
Die *plankenkoorts*
Stik de moord in Amersfoort
Voor *plankenkoorts*
En voor Door nog eens in koor
Plankenkoorts

Uit: Plankenkoorts (1972)

Poen op de stoep

Er ligt geld op de straat
Er ligt poen naast de poep
Tussen de schillen blikken dozen
Ligt er poen op de stoep
Voor wie maar buigen wil
En de moraal de moraal laat
Ligt er poen naast de poep
En een hoop geld op de straat

De vrouw bij de halte
Wacht correct op de bus
In een hand de speldjes
In de ander de collectebus
Zij heeft zich de pleuris
Voor de kanker gewerkt
Haar aandacht verslapt
Maar haar gemoed is gesterkt

De een die hurkt erachter
De ander houdt haar aan de praat
Die geeft haar dan een duwtje
En het geld ligt op de straat

Daar staat een opa
Op de hoek van de straat
Hij durft niet over
Bang dat hij het hoekje omgaat
De andere bejaarden
Zijn nog meer verschraald
Dus heeft hij het pensioen
Voor de anderen opgehaald

Dan help je opa over
Je wacht even op je maat
Je laat die ouwe vallen
En het geld ligt weer op straat

Je loopt tegen een man op
Hij zit keurig in het pak
Een patser die met poen pronkt
Dus rol je zo'n zak
De vergissing is groot
En de buit is heel klein
Want de man die je wou tillen
Blijkt een stille te zijn

Je laat het geld vallen
Maar het is al te laat
Hij slaat je in de boeien
En het geld ligt weer op straat

Uit: Een kannibaal als jij en ik (1975)
166

Portnoy's klacht

Twintig jaar ben ik door anderen geleefd
Nu weet ik pas wat alles nemen geeft
Alles wat ik doe ontleen ik aan mezelf
Ze noemen me de dromer
Ze noemen me spuit elf

Twintig jaar en ik doe het nog steeds zelf
Al negen jaar toen ik begon was ik pas elf
Negen jaar en dat is veel te lang
Vlekken in de lakens
Vlekken op het behang
Vlekken in de lakens
Vlekken op het behang

Uit: Neerlands Hoop Express (1973)

Prothese-song

Hier hang ik in de vangrail van de snelweg
Het spijt me schat ik kom wat later thuis
Omdat ik met mijn benen in de knel zit
Moet ik nog even langs het ziekenhuis

Het Rode Kruis kan ons een rolstoel lenen
In elk geval ben ik wat vaker thuis
Ik hoop dat jij mij liefhebt zonder benen
Anders nemen we er iemand bij in huis

Je krijgt het in het begin natuurlijk drukker
Tot ik me met mijn nieuwe krukken red
In elk geval hoef ik nooit meer te bukken
En stap ik nooit met mijn verkeerde been uit bed

Uit: LP Neerlands Hoop in Bange Dagen (1969)

Quo Vadis

De nacht is lang en eindeloos de wegen
Vijf jongens vijf maanden op tournee
Eens per kilometer kom je een praatpaal tegen
En de vangrail rijdt oneindig met je mee
De weg is grijs en eindeloos verlaten
Lijdzaam geef je toe aan je gegaap
De lifter die je meenam om te praten
Is na een half uur rijden al in diepe slaap

Helemaal alleen ben je ten slotte
Voor je de motor achter je de vracht
Scania Vabis mijn mascotte
Als ik in slaap val
Hou dan voor mij de wacht
Quo Vadis
Scania Vabis

Gevangen in het web der vierbaanswegen
Je mag er om de zoveel meter uit
's Nachts kom je geen tegenligger tegen
Behalve de insecten op je ruit
De zon komt op nog honderd kilometer
Om 10 uur thuis tenminste zonder pech
Je komt nooit thuis weet uit ervaring beter
Een artiest is altijd onderweg

Helemaal alleen ben je ten slotte
Voor je de toekomst achter je wat was
Scania Vabis mijn mascotte
Handen aan het stuurwiel
De rechtervoet op het gas
Quo Vadis
Scania Vabis

Uit: Neerlands Hoop Express (1973)

Radio

Leunt tegen een pilaar
In de galerij
Een hand in haar haar
Een hand op haar dij

Heeft niet meer van voren
Dan een opgezette maag
Moet nog vijftig gulden scoren
Dat doet een shot vandaag

Iemand met een microfoon
Vraagt: *Vind je dat nou leuk*
Zij: *Wat bedoel je schat*
Dat ik spuit of dat ik neuk

Vraag: *Laat ik het anders stellen*
Ik bedoel dat je zo leeft
Zij: *Ik zal het je vertellen*
Als je me honderd gulden geeft

Moeder bij de radio
Zegt: *Is dat niet haar stem*
Pa springt op
Heeft het geluid herkend

Laat je avond niet bederven
Wat denkt ze wel die slet
Loopt naar het transistor toe
stel afgezet

Uit: LP Ik ben volmaakt gelukkig (1978)

Revolutie

Wat koop je voor je rechten
Wie niet vreet gaat vechten
De goeden en de slechten
Onderscheiden zich niet meer
Revolutie
Dankbaar pak je je geweer

De grote slag moet weer geslagen worden
De kleine man was weer eens de sigaar
Met kennelijk genoegen slaat de hele horde
De staande orde in elkaar
Het staatshoofd is gevlucht in zijn pyjama
Houdt zijn emoties in de hand
De zaak is nauwelijks een drama
Zijn geld staat veilig daar in Zwitserland

Op de barricaden
Slechten we façaden
Zingen we balladen
Van de held die roemloos stierf
Dan worden we verraden
Door wie kun je wel raden
De beul kent geen genade
De beul die het steeds bedierf

We stellen nieuwe daden
Betreden nieuwe paden
De schrijvers slaan ons gade
Dopen pennen in de inkt
Verwarrend zijn hun draden
Zij zullen ons weer schaden
Exclusief voor onze bladen
Ruik ik aan het geld dat stinkt

Moeders wassen in de riolering
Zo wit witter kan het niet
De hond stierf gisteren aan de tering
Oude vrouwen van verdriet
Kijk hoe kinderen in de krotten

Nog spelen met hun dode hond
Het beest ligt al te verrotten
Dan de handen in de mond

Juan heeft infectie
Hij moet naar de inspectie
Maar met de naald van de injectie
Stopt de zuster een oude kous
Pa heeft een erectie
Vindt moeder reuze sexy
Weer een kind denkt moe als ze die gek ziet
Want ze mag de pil niet nemen van de paus

Staan de kardinalen links het volk te lijmen
Rechts verdelen ze de buit
In Rome probeert iemand de zaak te rijmen
We zitten onze tijd rijk uit
Het vrije westen staat de zaken aan te kijken
Opruiende kolommen in de krant
Zolang er armen zijn zijn er nog rijken
Dus armen reik elkaar de hand

Uit: Neerlands Hoop in Bange Dagen (1969)

Rotzooi

Kijk hoe de lepralijder
Zijn stompje hand uitstrekt
Zie hoe daarbij zijn verrotte
Hoofd geen spier vertrekt
Toch is hij blij en opgewonden
Want daar komt een homofiel
Die voor missionaris speelt
Met een tube Clearasil

Dan zie je een body builder
Met zijn kont in het rulle zand
Een flesje cola in zijn zwembroek

En een stuk aan elke kant
Je denkt dat hij genezen is
Maar er is geen verband
De lepralijder lijdt nog steeds
Die showbink is een figurant

Rotzooi
Regelrechte rotzooi
Het lijkt wel lekker
Het lijkt wel mooi
Het smaakt wel lekker
Het klinkt wel mooi
Het is rotzooi

Kijk hoe die kolerelijder
Met een roestvrij stalen smoel
Vraagt in de drogisterij
Iets tegen schuldgevoel
Deze door de wol geverfde
Uitgekookte renegaat
Is de man die heeft verzonnen
Dat het met cola beter gaat

Je ziet nooit een hongerige neger
Die voor een Unoxworst zijn leven waagt
Je ziet nooit een stervende soldaat
Die om een Caballero vraagt
Wat je te zien krijgt is de glimlach
Van een frigide fotomodel
Die zo heerlijk aan het zwemmen is
Al is ze nog zo ongesteld

Rotzooi
Regelrechte rotzooi
Het lijkt wel lekker
Het lijkt wel mooi
Het smaakt wel lekker
Het klinkt wel mooi
Het is rotzooi

Uit: Neerlands Hoop Code (1978)

Samen

Overal ter wereld komen zangers samen
En ze zingen zeer bezorgd hetzelfde lied
Dat het slecht gaat met de wereld en met name
Met de mensen en dat willen ze natuurlijk niet
Nee ze willen geen verschillen
Tussen mensen wat ze willen
Is dat iedereen gelijk is en dat weet
Wat ze willen dat is vrede
Nergens honger wordt geleden
En hun liedje bovenaan de hitparade

Als we samen zijn dan zijn we samen
Arm rijk oud jong kaal of behaard
Door dat samenzijn komen we samen
Want het welzijn van de wereld is het waard
Samen leven samen delen samen spelen
Samen lopen samen geven samen werken
Samen gaan en niet apart

Ach ons land is veel te klein voor grote woorden
Echte sterren vind je in dit kleine landje niet
Er zijn meer geschillen dan accoorden
Maar ondanks dit alles hebben wij een lied
Een koor zonder bekende namen
Anoniemen heren dames
Die hun stemmen laten klinken uit het hart
Nee hun boodschap is geen grote
Maar het klinkt wel vastbesloten
Dat we samen sterker zijn dan elk apart

Er is nog niets verloren maar stilaan dringt de tijd
Ook jóúw stem te laten horen te kiezen in de strijd

Als we samen zijn dan zijn we samen
Arm rijk oud jong kaal of behaard
Door dat samenzijn komen we samen
Want het welzijn van de wereld is het waard

Uit: Radio Freedom Festival (1985)
Muziek: Henny Vrienten

Scheiden doet lijden

Staande in zijn split-level woning
Gekocht met *f* 15.000,– eigen geld
Keek hij in de gebroken spiegel
Vijf tientjes op het Waterlooplein
En alle platen van de Beatles
Die waren ook al even uit elkaar
Zag hij zijn voor het huwelijk verwekte zoon

Wanneer had hij voor het laatst gehuild

Toen hij dat zag en bedacht dat ze dat
Godverdomme allemaal verdelen moesten
Want er was meer dan hij gedacht had
Waar ze allebei van hadden leren houden
Toen hij dat zag
Werd hij zo moe

Staande in zijn split-level woning
Die nu ruim voor de helft was afgelost
Dacht hij aan wat het hem kostte
Zich te handhaven in dit gelul
En dat de wil dat te veranderen
Gelijk was aan verspilde energie
Er was één ding dat hij ooit zijn baas moest zeggen
Maar dan had hij wel zijn langste tijd gehad

Wanneer lachte hij voor het laatst

Toen hij bedacht dat hij al die ellende
Godverdomme nooit meer met zijn vrouw kon delen
Besloot hij maar bij haar te blijven
En ook omdat hun dochter nog een kind was
Zo zou hij het zeggen morgen
Tegen zijn vriendin

Wanneer was hij voor het laatst verliefd

Uit: Interieur (1976)

Slaapliedje

Er was eens een prinsesje
Onschuldig lief een kind
Ze had twee blauwe ogen zo mooi
En ze was blind
Er kwam een prins uit het Westen
Zij was toen zeventien
Hij toonde haar zijn toverstaf
En zij kon zien

Ga maar slapen kleine
Je wereld is nog klein
Je mag nog even dat prinsesje
Lief en onschuldig zijn
Soms als ik je moet troosten
In je redeloos verdriet
Heb ik het gevoel van binnen
Dat je al ziet

Ze kon haar ogen niet geloven
Toen zij voor het eerst de wereld zag
Ze vroeg de prins *was het altijd zo*
Hij zei *sinds jaar en dag*
Ze zei *ik zie geen liefde*
Alleen verdriet en pijn
Jij moet dus kiezen tussen
Zien of een blind prinsesje zijn

Ga maar slapen kleine
Je wereld is nog klein
Je hoeft nog niet te kijken
Naar het verdriet de pijn
Ik kan je nu nog troosten
Ik zie wat jij niet ziet
Ga maar lekker slapen
Je hoeft nog niet

Uit: Interieur (1976)

175

Stilte

Hoe diep je ook
In het bos gaat
Je hoort een vliegtuig of een trein
Dan weet je ook
Wat het betekent
Dat het nooit meer stil zal zijn

Stilte die je al verbreekt
Door er iets van te zeggen

Uit: Plankenkoorts (1972)

Te laat

Op de gracht
Loeit een sirene
Er zit een ziekenwagen
Vast in het verkeer
Blauw licht zwaait
Niemand zwaait terug
Rustig ziekenwagen
Het hoeft al niet meer

Ook loopt een vrouw
Naar een agent toe
Vraagt hem waarom hij
Uit zijn neus te vreten staat
Hij wordt niet kwaad
Zegt rustig *maar mevrouwtje*
Hij heeft gelijk
Het is al te laat

In het café hoort niemand iets
Het gesprek gaat
Hoe interessant ook

Over niets
Men doodt genadeloos de tijd
Gezelligheid
En als niemand het meer weet
Laat de ober nog een scheet

Het volk op de kant
Duwt elkaar haast in het water
Een duiker trekt
Zijn bril voor zijn gezicht
Ze dreggen naar een man
Die ze met duizend gulden
Hadden kunnen redden
Nu besteden ze het dubbele
Om te kijken waar hij ligt

Uit: Neerlands Hoop Code (1978)

Te vroeg

Waar ik ben ben jij
Omdat jij er niet meer bent
Ik heb je gekend
En ik wist waar je was tot je doodging

Of je nu mijn vader bent
Mijn zoon of mijn beste vriendin
Of zo maar iemand die ik even kende
Je bent in mij

Jij
perst de tranen uit mijn ogen
Jij
jaagt het bloed op in mijn lijf
Jij
je balt mijn vuist en je verlamt me
Je maakt me eenzaam
Eenzaam

Waar ik ben ben jij
Omdat jij er niet meer bent
Ik heb je gekend
En ik houd de herinnering levend

Omdat ik ben ben jij
Omdat jij er niet meer bent
Ik heb je gekend
En ik houd de herinnering levend

Uit: LP Ik ben volmaakt gelukkig (1978)

Thuis

Er zijn van die ongetrouwde vrijgezellen
Die doen of ze thuis zijn in hun kille flat
Ze denken het wordt vanzelf gezellig
Als ik een geurig kopje koffie zet
Hoe goed die eenzamen dit ook bedoelen
Zij slaan de plank volledig mis
Het is thuis juist zo gezellig
Omdat daar altijd koffie is

Thuis bij zijn kopjes en zijn schotels
Tafels en stoelen op het kleed
Daar ligt de knusheid in besloten
Daar heerst de vrede kamerbreed
Daar is geen plaats voor grote woorden
Maar vreugde om de kleinigheid
Daar staat het leven in het teken
Van streven naar gezelligheid

Neem nou die fiere feministe
Die bh-loos de status quo bestookt
Ze blijft een huisvrouw in haar diepste wezen
Want ze is nog lang niet uitgekookt
Moet je zo'n vrouw nou integreren
Betrekken bij het spel van kat en muis

Nee huisvrouw als ik u mag adviseren
Blijf bij uw man uw kind blijf thuis

Waar is na schuld altijd vergeving
Waar is na zonde steeds berouw
Thuis bij je vader en je moeder
Of als je ouder bent bij man of vrouw
Thuis

Of neem bij voorbeeld eens de zeemens
Die stoer bij het uitvaren joelt *joho*
Wat denk je dat die zeebonk moet doorleven
Als hij een hoer bestijgt in Bilbao
Dan valt er niets meer te johoën
Dan is dat leven één vreemd kruis
En treurend over het verspilde sperma
Denkt hij nog slechts aan moeder thuis

Thuis met zijn duizend stille plekjes
Vertrouwde vlekjes op het behang
Daar zit de liefde in een weckfles
Dus gaat zij mee een leven lang
Ach er zijn natuurlijk wel eens woorden
Maar grif erken je elke fout
Je mag elkaar best eens vermoorden
Als je het maar gezellig houdt

Waar kun je altijd alles vinden
Waar is altijd een warme kruik
Waar mag je met het licht aan neuken
Waar hangt de lucht die je niet ruikt
Thuis

Uit: Interieur (1975)

Tien kleine nikkertjes

Tien kleine nikkertjes
Die liepen in de regen
Eén gebruikte waterverf
Toen waren er nog negen
Negen kleine nikkertjes
Twee hadden geen leven
Die zijn toen maar doodgegaan
Toen waren er nog zeven

Twee dode nikkertjes
Eén heeft zich bedacht
Die vond dood zijn toch maar niks
Toen waren er weer acht
Acht kleine nikkertjes
Die sprongen op de bres
Twee zijn misgesprongen
Toen waren er nog zes

Zes kleine nikkertjes
Die riepen *1 mei rood*
De politie die dat hoorde
Die schoot er zeven dood
Min één nikkertje
Was ontzettend lief
Toen iedereen vertederd was
Werd hij weer positief

Dat ene kleine nikkertje
Dat had de zaak bedonderd
Want ergens in het achterland
Daar zaten er nog honderd
Honderd kleine nikkertjes
Vierden een liederlijk feest
Elke blanke die kwam oordelen
Was er meteen geweest

Uit: LP Neerlands Hoop in Bange Dagen (1970)

Tien levens

Soms heeft een mens tien levens
Bij zijn geboorte meegekregen
Roekeloos verspilt hij een
Dan heeft zij er nog negen

Dan heeft zij negen levens
Waarvan zij veel verwacht
Te veel zodat het tegenvalt
Dan heeft hij er nog acht

Soms heeft een mens acht levens
Waarvan hij een wil geven
Dat is bovenmenselijk
Dus resten haar nog zeven

Dan heeft zij zeven levens
Zij raakt verstrikt in stress
Omdat hij tijd te kort komt
Dan heeft zij er nog zes

Soms heeft een mens zes levens
Is zo ontevreden met haar lijf
Dat zij zich dood gaat lopen
Dan heeft hij er nog vijf

Soms heeft een mens vijf levens
En als sterrenbeeld een stier
Zij was liever maagd geweest
Dan heeft zij er nog vier

Soms heeft een mens vier levens
Men noemt haar een genie
Waaraan hij zelf sterk twijfelt
Dan heeft hij er nog drie

Soms heeft een mens drie levens
Dan zit het hem niet mee
Want hij weet dat drie teveel is
Dus resten haar nog twee

Soms heeft een mens twee levens
Dat noemt men schizofreen
Dan zegt de psychiater
Meneer mevrouw u bent al één

Een mens heeft maar een leven
De rest is flauwekul
Daar moet je iets van maken
Of je bent een nul

Soms heeft een mens geen leven
Door louter tegenspoed
Dan kan zij het beste denken
Ik heb het nog tegoed

Uit: De Goeroe en de dissident (1987)
Muziek: geen

Traangas honden gummiknuppels

Joden zijn antisemieten
Gaan vijfhonderd man tekeer
Geheel verzorgde demonstratie
Niemand ziet het meer
Spandoek voor de Palestijnen
Blijft liggen in een plas op straat
Repressieve tolerantie
Niemand gekwetst niemand kwaad

Traangas honden gummiknuppels

Beschaving is een soort verslaving
Zegt een student in het café
Mijn pa vindt dat ik moet demonstreren
Daarom doe ik niet meer mee
Wanneer denk je dat je klaarkomt
Vraagt zijn moe als zij hem ziet
Hij drukt zijn knie tussen haar dijen
Maar zijn vriendin begrijpt hem niet

Traangas honden gummiknuppels

Net zolang tot ik een pistool pak
Een bejaarde gijzel in zijn flat
Dan volgt mobilisatie
De hele wijk wordt afgezet
Dan krijg je koffie dekens broodjes
Maar na een dag of vier
Word ik doorzeefd met duizend kogels
De groeten van de mariniers

Traangas honden gummiknuppels
Traangas honden gummiknuppels
Sterke arm doe je werk
Maak me solidair en sterk

Uit: Neerlands Hoop Code (1978)

12-6-1968

Liefde laat over zich lopen
daarom loop je zo zacht
vaak doe je je ogen open
en dan is het al nacht

Verweg in je diepste gedachten
schemert toch dit bericht
zelfs na de donkerste nachten
wordt het weer onverbiddelijk licht

Eens zal er in je leven
een lichtstraal door je gaan
die je voor altijd licht zal geven
ook als de zon weer is ondergegaan

Soms komt die straal van een nieuw leven
maar vaker komt hij van de dood
omdat een mens zich niet wil geven
hij houdt zich vaak zo angstig groot

Maar de dood wijst je op het kleine
hoor hoe de gekooide vogel floot
zo kunnen wij voor elkander klein zijn en
uiteindelijk leven met de dood

Uit: Manuscript (1968)
Muziek: geen

Un koe

Een koe stond lui te wachten
In een veel te grote wei
En haar overvolle uier
Hing er als een doedelzakkie bij
Zij had geen trek in eten
Al haar magen zaten vol
Daar stond ze stom te kauwen
Op een stukje stimorol

De boer die haar moest melken
Was weer eens veel te laat
En niets doet er meer pijn
Dan een uier die op springen staat
Dan strekken zich de tepels
En rekken zo het vel
Dat je als koe maar af moet wachten
Houdt-ie het niet of
Houdt-ie het wel

Nu is haast elke uier
Bestand tegen een stoot
Maar ditmaal was de spanning
Voor het uiervel te groot
De boer die aan kwam fietsen
Dacht die uier houdt het wel
Maar vlak voordat hij aankwam
Dacht hij verrek het regent melk

En toen hij rondkeek in de weide
Stond daar enkel nog een knol
En tussen de koeievlaaien
Lag een stukje stimorol

Dus zie je ooit een uier
En staat hij tepelstrak
Maak dan dat je weg komt
Het is zonde van je mantelpak

Uit: Neerlands Hoop in Panama (1971)

Vader en zoon 1

Waarom ben jij tegen de bom
Vroeg mijn zoon
Waarom ben jij tegen de bom
Ik keek naar de hemel
Ik deed of ik dacht en ik zei
Omdat ik jou op de wereld heb gebracht

Daarom ben ik tegen de bom

Waarom heb je mij op de wereld gebracht
Vroeg mijn zoon
Waarom heb jij mij verwekt
Ik keek naar de hemel
En zei langs mijn neus
Het was meer een ongelukje dan een bewuste keus

Je bent in een wip verwekt

Waarom heb je niet nagedacht
Vroeg mijn zoon
Waarom heb je je hersens niet gebruikt
Ik keek naar de hemel
Ik deed of ik dacht en ik zei
Heet was je moeder zwoel was de nacht

185

Ik deed het die nacht op mijn gevoel

Waarom heb je gevoeld
Vroeg mijn zoon
Wat bedoel je met gevoel
Ik keek naar de hemel
Ik hapte naar lucht en ik zei
Dik zijn de tralies in de nacht van de vlucht

Iemand vlucht op zijn gevoel

Waarvoor ben jij op de vlucht
Vroeg mijn zoon
Voor wie ben jij op de vlucht
Ik keek naar de hemel
Waarin God was verdwaald
Sindsdien heeft doodsangst mijn leven bepaald

Dus ben ik bang voor de bom

Uit: Stroman & Trawanten (1984)
Muziek: geen

Vader en zoon 2

Ben jij nog ergens tegen
Vroeg ik *mijn zoon*
Ben jij nog ergens voor
Hij keek naar de hemel
En zei langs zijn neus
Ervoor of ertegen is niet de keus

Ik bouw niet meer mee aan zo'n muur

Waarom wil jij niet kiezen
Vroeg ik *mijn zoon*
Waarom neem jij geen standpunt in
Hij keek naar de hemel

Hij deed of hij dacht
Welke kiezers hebben de macht

Ik kies liever niet ik deel

Wat heb je te delen
Vroeg ik *mijn zoon*
Je hebt immers helemaal niets
Hij keek naar de hemel
Als zag hij daar iets
Wat kun je makkelijker delen dan niets
Wat je hebt dat wil je helemaal

Heb jij nog idealen
Vroeg ik *mijn zoon*
Wat is jouw heilig ideaal
Hij keek naar de hemel
En zei met een lach
Een vogel te zijn die zweeft bij de dag
Vliegen lijkt mij ideaal

Maar vliegen is een vlucht
Zei ik *mijn zoon*
Waarvoor ben jij op de vlucht
Hij keek naar de hemel
Waarin God was verdwaald
En zei *ik wil niet*
Dat doodsangst mijn leven bepaalt

Uit: Stroman & Trawanten (1984)
Muziek: geen

Verslaafd

Ik ben zoals u vast wel weet
Verschrikkelijk verslaafd
Mijn hunkering moet snel gestild
Mijn lust subiet gelaafd

Zoals ik hier nu rustig zit
Is op zichzelf een wonder
Want ik heb elke tel wat nodig
Kan geen seconde zonder

Toe haast je wat schiet schielijk op
Bezorg mij vlug die trip
Omdat ik anders in paniek
Hier voor je ogen flip
Weer de verkeerde dingen doe
Die niet kennen en niet maggen
Want ik kan geen seconde zonder
Dat de mensen om mij lachen

Een flauwiteit een woordspeling
Een bak met baard of sik
Een stuntelende stotteraar
Een horrelvoet met hik
Bananeschillendiarree
Vanvollenhovenoren
Toe lieve mensen lach lach lach
Ik ben een junk ik moet scoren

Mensen redt mij uit de nood
Zit daar niet zo bedaard
De methadonbus roept u daar
Maar ik heb geen strippenkaart
Ik ben al in het stadium
Dat ik elke lach wil slikken
Als ik in jezusnaam maar niet
Verplicht hoef af te kicken

Al op mijn nulde jaar was ik verslaafd
Dat duurde tot half een
Als ik mijn strot maar opentrok
Wist iedereen de speen
Men probeerde het met surrogaat
Tiet tepels duim of kurken
Maar ik bleef lustig blèren
Tot ik een speen had om te lurken

Ik was na een half jaar uitgesabbeld

De speen ging aan de kant
Hij paste niet meer middenin
Door mijn allereerste tand
Toen daar een tegenover kwam
Was ik niet meer te houwen
Zette overal mijn tanden in
Was op slag verslaafd aan kauwen

Ik snoeide heggen sneed het gras
Met dat melkgebit van mij
Knaagde de jaren uit de tijd
Mijn jeugd knarste voorbij
Mijn ouders God de politiek
Niets wou ik meer geloven
Diploma's toekomst of een baan
Uitgekauwd afgekloven

Ik trok de wijde wereld in
En werd verslaafd aan vrijheid
Er ging per week geen dag voorbij
Of mijn ouders waren mij kwijt
Dan werd ik in paniek gezocht
Onderbroeken onderrokken
Tot ik in een beerput zat
Daar ik was doorgetrokken

Zo kwam ik in het kraakpand aan
Dat men theater noemt
Gebroken ging ik er vandaan
Verknipt verslaafd beroemd
Zo dronken stoned en lijp als ik
Was in dit vak geen een
Ouders luister naar mijn raad
Fop niemand met een speen

Uit: Het damestasje (1986)
Muziek: geen

Vieze ouwe man

Vijfenzestig plusser
Compleet met wandelstok
Waar zo op het oog niets vreemds aan lijkt
Staat bij gebrek aan geld
Voor de vitrine van de bioscoop
En kijkt
Kijkt

Daar loopt hij weer
In de drukke winkelstraat
Waar het kooplustig vrouwvolk krioelt
Hij struikelt over zijn stok
Houdt zich schijnbaar staande aan hun rok
Maar voelt
Voelt

Vieze ouwe man
Hij droomt er elke nacht weer van
Vieze ouwe man
Hij is een man die nog graag wil
Maar niet meer kan
Vieze vieze ouwe man

Hij heeft in een warenhuis
Een zijden damesonderbroek gegapt
En is betrapt
Toen een juffrouw hem op heterdaad verraste
Heeft hij het zijden slipje haastig ingeslikt
Bijna gestikt

Vieze ouwe man
Een vrouw stapt van haar fiets
Het zadel is nog warm
Als hij uit het niets
Uit een portiek opduikt
Met zijn kromme benen naar de fiets toeloopt
En aan het zadel ruikt
Ruikt

Vieze ouwe man
Hij zit er elke nacht weer an
Vieze ouwe man die nog graag wil
Maar nooit meer kan

Lieve ouwe man

Uit: Neerlands Hoop Code (1978)

Vogelvrij

Ze loopt gearmd met haar vriendin
Te zoeken in de vreemde stad
Het adres is haast onleesbaar
Op de brief die ze uiteindelijk heeft gehad
Ze draait zich om als haar vriendin
De weg vraagt aan de dienstdoende agent
Ze is bang dat hij haar doorheeft
Bang dat ze door iemand wordt herkend

Ze is vierentwintig
Maar heeft de angsten van een kind
Ze is stout geweest
En iedereen mag zeggen wat hij er van vindt
Ze kende hem vier dagen
Ze waren allebei alleen
Nu is ze vogelvrij
Ze is onteerd
Ze is van iedereen

Het staat op achtendertig plaatsen in de bijbel
Het is een slachthuis en het doet ontzettend pijn
Denk aan de vrouwen die geen kinderen kunnen krijgen
En je moet flink gelovig dankbaar zijn
Het is een schuld die je nooit meer kunt betalen
Je doet je ouders onnoemelijk veel verdriet
Je mag het leven van het leven niet bepalen
Dat mag je niet dat kan je niet dat doe je niet

Als de zuster haar komt halen
Moet ze overgeven op de gang
Degene die het op komt ruimen
Kokhalst vriendelijk *wees maar niet bang*
Een uur daarna staat ze op straat
Ze kan opnieuw beginnen zonder pijn
En een jongen op een brommer roept
Ga je mee schat ik zal voorzichtig zijn

Uit: Ingenaaid of gebonden (1975)

Vrolijke soldatenpotpourri No. 4

1. *Daar komt de ouwe stomp aan*

Daar komt de ouwe stomp aan
Dat voel je met je klomp aan
Opzij rekruten red het vege lijf
Daar komt de ouwe stomp aan
Die heeft nergens zo de stront aan
Als een goedgekeurde flikker met S5
Maar ook een filler
Wil er bij de stomp niet in
Hij heeft het
Wat geeft het
Bij de maten naar zijn zin

En de meisjes van het bordel
Kennen de stomp onder de gordel
Ze kennen alle zwakke plekken
Van zijn blote lijf
Ja de meisjes zijn er dol op
Ze genieten dan ook volop
Alle slappelingen vloeken ze weer stijf
Maar ook een filler
Wil er bij zo'n lichtekooi niet in
Zij heeft het
Wat geeft het
Bij de maten naar haar zin
192

Daar komt de ouwe stomp aan
Maar als het er op aan komt
Dan vecht die zich
De kloten van zijn lijf

2. Als straks de gelen komen

Als straks de gelen komen
Zijn de roden reeds geveld
Wij kenden geen genade
Wij kenden slechts geweld

Wij stonden tot aan de Oeral
Tot de enkels in het bloed
Als wij de vrede handhaven
Dan doen we het ook goed

Als straks de gelen komen
Zijn de roden er geweest
Dat zal ik nooit vergeten
Dat wordt een kleurrijk feest

Het water van de Wolga
Komt tot aan de winterdijk
Als wij de vrede handhaven
Kijken wij niet op een lijk

3. Kokkie we komen d'r an

Kokkie we komen d'r an
We hakken ze in de pan
Je kunt alvast de warme hap opzetten
En zit het een beetje mee
Dat eten we saté
Van het verse vlees aan onze bajonetten

4. Als ik naar het front toe ga

Als ik naar het front toe ga

Zal ik denken aan mijn moeder
Dan word ik zo vechtlustig als de pest
Want wat was dat kreng een loeder

Ik mocht niet bij de commando's
Niet eens bij de genie
Ik mocht met haar stratego spelen
Winnen mocht ik niet

Ik mocht niet bij de huzaren
Niet bij de artillerie
Ik mocht alleen maar paardje rijden
Op haar waterknie

Als ik naar het front toe ga
Zal ik aan je denken ma

Uit: Neerlands Hoop in Panama (1971)

Vijftig gulden meer

Vader loopt voorop met het rode vaandel
In de pas en zuiver in de leer
Daarachter solidaire kameraden
Ze willen vijftig vijftig gulden meer
Boven in het kantoor van de directie
Zien de hoge heren meewarig op hen neer
Want als de tijd het geld genoeg ontwaard heeft
Krijgen ze vijftig vijftig gulden meer

Geluk is niet het voordeel van de rijken
Vader waarom ga je zo tekeer
De kinderen vragen *moeder waar blijft vader*
Daar komt hij binnen met vijftig gulden meer
Van dat geld koopt vader een pick-upje
Goedkoop duurkoop overmorgen stuk
Daar zit hij met zijn vijfenveertig toeren Internationale
Door het kapitaal verneukt waar koop je geluk.

Mensen willen groter lijken
Lopen op hakken kopen een hoge hoed
Proberen verder dan hun neus te kijken
Vechten zich van net genoeg naar overvloed
Politiek is niet meer dan kiezen
Tussen berusting en geweld
Maar je moet niet meeregeren nee je moet negeren
De rijken laat ze stikken in hun geld

Waarom wil de arme bij de rijke horen
Opzien tegen wie hem slechts kleineert
Door het stof kruipen kontlikken en smeken
We willen vijftig vijftig gulden meer
Want hoe je het ook wenden wil of keren
De arbeider verliest het keer op keer
Zijn eer zijn afkomst en zijn vrijheid
En dat voor vijftig vijftig gulden meer

Uit: De Komiek (1980)
Muziek: Freek de Jonge

Waar de wil is is de weg

Het karrespoor van gisteren
Is morgen achtbaan breed
Tot het doodloopt op het noodlot
Die gigantische magneet
Die je aantrekt in de liefde
In je werk of op de vlucht
Die je meetrekt goot of dood in
Alleen maar heen
En nooit meer terug

Waar de weg is is de wil
Die verder hoger sneller wil
Die trekt op drift en overstuur
Een betonnen streep door de natuur
Waar de wil is is de weg

De weg die alles alles plet
De boom de egel en het kind
Zolang de weg zijn weg maar vindt

De achtbaansweg van gisteren
Lijkt morgen een karrespoor
Vanuit het raampje van het vliegtuig
We willen verder sneller door
Of je de uitvinder van het wiel bent
Koning dichter of spuit elf
Je ontkomt niet aan het noodlot
Altijd alleen zijn
Nooit jezelf

Uit: Een kannibaal als jij en ik (1975)

Waar moet je heen

Iedere dag gaat Harm
Met zijn ziel onder zijn arm
En zijn slaapzak op zijn rug
Lopend heen en liftend terug
De kant van de weg is gratis
Hij lest zijn dorst bij een fontein
Hij wil de wereld zien voor het te laat is
Dat zou morgen kunnen zijn

Iedere nacht slaapt Harm
Met zijn ziel onder zijn arm
In zijn slaapzak op het gras
Dat eens groen en vochtig was
De kant van de weg is gratis
Want als je eenzaam bent en moe
En je huis de weg de straat is
Waar moet je dan naar toe

Iedereen kent Harm
Met zijn ziel onder zijn arm

En zijn slaapzak op zijn rug
Lopend heen en liftend terug
Hij zit naast je in je wagen
Je neemt hem mee je laat hem weer alleen
Je weet geen antwoord op zijn vragen
Je vraagt alleen *waar moet je heen*

Waar moet je heen
Het is al laat
Zet mij maar af
In deze straat

Uit: Neerlands Hoop Express (1973)

Wat fijn om idioot te zijn

Wat fijn
Om idioot te zijn
Zo weerloos als een clown
Die ontwapend door verdriet
Roept *lach of ik schiet*
En ziet hoe gauw
De aap komt uit de mouw

Wat fijn
Die idioot te zijn
Zo lelijk als de nacht
Die met een grote bek
Spot met elk gebrek
Wie maakt je wat
Zolang de wereld om je lacht

Ik ben zo'n idioot
De mensen lachen zich half dood

Dan plotseling een gil
Twee barsten in mijn bril

Ik zie dubbel
De zaal ligt dubbel
Omdat ik dat wil

Ik zie enkel
De zaal denkt enkel
Wat is het verschil

Hé jij
Je maakt me bang
Omdat je aan mijn lippen hangt
Ik voel me net een vlinder
Op het bloemetjesbehang
Maar ik vertrouw je
Vertrouw je
Wat fijn
Om idioot te zijn
Wat fijn
Zo fijn

Uit: De Mythe (1983)
Muziek: Neil Innes. Bewerking van How Sweet To Be An Idiot

Wat ik geleerd heb in dit leven

Wat ik geleerd heb in dit leven
Is met een simpel woord gezegd
Hier is de tip die ik wil geven
Dat je aan niets en niemand hecht
Niet aan je vader en je moeder
Niet aan de macht of aan het geld
Want die zijn volgens mij de oorzaak
Van alle rotzooi en geweld
Niet aan de mening van een ander
Of de moraal van een partij
Er is op aard geen mens te vinden
Die het beter weet dan jij

Uit: Neerlands Hoop Express (1973)

Wat je ziet of wat je doet

Wat je ziet of wat je doet
Door je lichaam stroomt je bloed
Het bloed stroomt waar het niet kan gaan
Trek de stoute schoenen aan
Trek de stoute schoenen aan
En kom er maar voor uit
Zeg wat je te zeggen hebt
Vorm besluit

De wereld draait sinds God om de aarde
De mens draait daar al jaren tegenin
Maar God is dood omdat God zichzelf niet spaarde
Wie geeft er antwoord op de zin

Wat is goed en wat is slecht
Gisteren werd de dood berecht
De jury gaf hem levenslang
Maar dat maakt de dood niet bang
Nee dat maakt de dood niet bang
Die komt er wel voor uit
Zeg wat je te zeggen hebt
Vorm besluit

De wereld draait sinds God om de mensen
De aarde draait daar dan weer tegenin
Dag in dag uit verlegt de mens zijn grenzen
Wie geeft er antwoord op de zin

Wie is traag en wie is snel
De waarheid achterhaalt je wel
Zelfs als de vos de passie preekt
De leugen het geluid doorbreekt
De waarheid achterhaalt je wel
Die komt er wel voor uit
Zeg wat je te zeggen hebt
Vorm besluit

Ja ik weet wat ik wil
En ik wil wat ik weet

En ik zal het ook gebruiken
Zoals iedereen dat deed
Ja wij weten wat we willen
En dat willen we wel weten
Maar de uiteindelijke reden
Zijn we nu al weer
Vergeten

Uit: De dag dat de onschuld doodging (1969)

Wie volgt (de hoer)

Soldaat gemaakt
Staat hij in een rij bloterikken
Met een kop als vuur
Zijn angst wat weg te slikken
Wie volgt

Pik tegen bil
Staan er honderd zoals hij
Te wachten op een beurt
Die ze straks krijgen van mij
Wie volgt

Op mij berust de taak
In 's lands verdediging
Rekruten te ontmaagden
Op legeroefening
Wie volgt

Hij was zo graag gekoesterd
Tuit zijn lippen voor een zoen
Ik offreer hem mijn lichaam
Geen offer ik doe het voor de poen
Wie volgt

Hij wordt niet dodelijk gewond
Wel voor het leven geraakt

En denkt nu al met spijt
Had ik mijn school maar afgemaakt
Wie volgt

Impotente officieren
Wat een valse nichten zijn dat
Ze ruiken aan hun handen
Die gaan van gat tot gat
Wie volgt

De soldaat krimpt ineen
Als hij die stem weer hoort
Die moddervette stem van bloed
Die zijn onschuld heeft vermoord
Wie volgt

Ik haat die commandanten
Fluistert mijn rekruutje lief
Hij geeft mij zijn zaad
Ik geef hem mijn sief
Wie volgt

Altijd als hij bij een vrouw is
En hij springt er bovenop
Zal hij bang zijn voor haar liefde
Want het dendert door zijn kop
Wie volgt

Alle hoeren en soldaten
Moeten de handen ineenslaan
Schreeuw ik 's nachts in mijn droom
Maar wie zal mij verstaan
Wie

Ik hoor weer zijn stem
Die klaargekomen rochelt
Je volgt iemand op
Of je wordt achtervoggeld
Wie volgt wie

Ze mogen mij verachten
Ik zoek geen ordentelijke baan

Ik laat de mannen op mij wachten
Ik hoef niet in de rij te staan
Nooit meer
Wie volgt

Uit: De Volgende (1989)
Muziek: Jacques Brel. Bewerking van Au suivant

Wie volgt (de soldaat)

Zonde zo naakt
Legerhanddoek voor de pik en
Ik bloos
Mijn rubberknieën knikken
Wie volgt

Ik was nog maar een kind
Er stonden honderd zoals ik
Achter mij een naakte man
Voor mij ook zo'n bloterik
Wie volgt

Ik was pas achttien jaar
Toen ik mijn onschuld verloor
In een hoerenkast op wielen
Gratis het leger betaalde ervoor
Wie volgt

Ik was zo graag even gekoesterd
Warm gekust
Iets van contact
Geen wellust
Wie volgt

Het was een slag in mijn gezicht
Geen slag op de Mookerhei
Ik wou dat ik nog op school zat

Toen ik geen les had was ik ten minste vrij
Wie volgt

Ik walg van wapperende vlaggen
Naakte mannen in de pas
Ruige officieren die op je gat mepten
Of je een nicht was
Wie volgt

Die stem stinkt naar whiskey
Die stem stinkt naar moed
Het is de stem van volk en vaderland
De moddervette stem van bloed
Wie volgt

Ik zweer je dat ik die stem
Nog bij voortduring hoor
Dat zweer ik bij mijn eikel
Die ik door syfilis verloor
Wie volgt

Want altijd als ik bij een vrouw ben
En ik spring er bovenop
Fluistert zij iets vriendelijks
Buldert het in mijn kop
Wie volgt

Alle hoeren en soldaten
Moeten de handen ineenslaan
Schreeuw ik 's nachts in mijn droom
Maar wie zal mij verstaan
Wie

En als ik niet schreeuw
En mijn stem nog wat rochelt
Sta ik weer naakt in die rij
Volg en word achtervolgd
Wie volgt wie

Laat ze mijn poten amputeren
Maak een kapoen van mijn haan
Als ik maar nooit van mijn leven

Meer in de rij hoef te staan
Nooit meer
Wie volgt

Uit: De Volgende (1989)
Muziek: Jacques Brel. Bewerking van Au suivant

Wie weet waar de uitweg is

U weet toch waar de uitweg is
Vroeg ik aan de wegenwacht
Hij zei *u volgt de borden maar*
Vraag mij niet hoe
De dag was lang
Ik ben te moe
Een ander doet de dienst vannacht

Dus volgde ik de borden maar
Wie wist waar het lot mij bracht
En toen ik bij het eindpunt kwam
Doorzag ik snel
Het vuile spel
Daar lag diezelfde
Zelfde luie wegenwacht

Hij zei *u bent erin getrapt*
De wegen lopen rond
Ik heb nog nooit een mens gezien
Die de wegen meed
De kring doorbrak
De cirkel sneed
En zo de uitweg vond

Ik vloog hem naar de keel en kneep
Zijn strot met beide handen dicht
En toen zijn adem korter werd
Kraaide een haan
De zon kwam op

De dag brak aan
Heel langzaam langzaam werd het licht

En met zijn laatste beetje lucht
Kwam er een allerlaatste vraag
Ga er niet zonder meer vandoor
Bel het kantoor
Ik kom niet meer
Ik ben vermoord
Want ik had dienst vandaag

Wie wie wie wie weet waar de uitweg is
Wie wie wie wie weet waar de uitweg is
Wie weet waar Wammes Waggel woont
Want Wammes Waggel woont wijd weg

Uit: LP Neerlands Hoop in Panama (1971)

Wij moeten strijden voor de Wadden

Ons land is klein dat weet een ieder
Dat hebben we op school gehad
Maar het kan groot zijn in zijn schoonheid
Ik denk hierbij speciaal aan het Wad
De Zeeuwse Wateren zijn ook prachtig
Zoals in vele folders staat
Maar zij missen net dat wat het Wad heeft
En wat zich niet beschrijven laat

Als je bij eb door het kleffe Wad loopt
En de klei zich aan je zolen kleeft
Zie je het licht van de Brandaris
Dan besef je dat je leeft
Je loopt maar wat door het Wad te waden
En je houdt je kleren droog
Want je weet als straks de vloed komt
Gaan de broekspijpen omhoog

Als je bij vloed gehaast weer terug moet
Niet meer goed weet wat je doet
Stuit je vaak op verraderlijke plekken
Waar je blijft steken met je voet
Als de reddingsploeg dan uitblijft
Worden velen in paniek gebracht
Maar ik raad u aan dan eens te letten op
De schoonheid van het Wad bij nacht

Zo kan ik nog wel uren doorgaan
Tot u denkt wat een O.H. is dat
Uw aandacht zou daardoor verslappen
Dat zou ten koste gaan van het Wad
Want hoe wij hier dan ook bijeen zijn
Van gematigd links tot radicaal
Wij moeten strijden voor de Wadden
In het belang van allemaal

Want hoe wij hier dan ook bijeen zijn
Van knettergek tot schizofreen
Van horrelvoet tot slecht ter been
Van kwart over acht tot half één
Wij moeten strijden voor de Wadden
Tot het nut van het algemeen

Uit: Plankenkoorts (1972)

Ze brengen je ter wereld

Ze brengen je ter wereld
Maar het licht is veel te fel
Ze pakken je bij je lurven
En je krijgt meteen een lel
Je hebt het koud
Hangt te blèren op je kop
Dan knippen ze het lint door
Want de moederkoek is op

Wie is die man
Die mij steeds wakker port
Wie is die vrouw
Die haar borst in mij leegstort
Waarom waarom
Moet ik dat schuurpapier weer om
En waarom draait die kleine meid
Mijn arm steeds uit de kom

Je eet je huilt je slaapt
Je groeit een week of tien
Tot je eindelijk de smoelen
Van die uitslovers gaat zien
Er wordt van je verwacht
Dat je vrolijk om ze lacht
Maar ze zijn helemaal niet geestig
En zo lelijk als de nacht

Wat doet die man
Met die bril steeds in mijn buurt
Wie is die vrouw
Die de pap in mij plamuurt
Waarom moet ik
Eten als ik het vertik
Terwijl dat kleine valse kreng
Steeds in mijn ogen prikt

Die eerste negen maanden binnen
Hield ik het nog wel
Maar nu ik er zolang uit ben
Weet ik dit is de hel
Ik zou het beste er aan doen
Als ik meteen vertrok
Maar dat kan niet want mijn kop
Zit klem tussen de spijlen van de box

Het is mijn pa
Die steevast om me lacht
Het is mijn ma
Die me vetmest voor de slacht
En wie loopt daar rond
Met dat touwtje met een lus

Dat is dat kleine valse kreng
Mijn jaloerse zus

Ze roepen maar dat ze me
Voor niemand willen ruilen
En leveren me willoos over
Aan de handen van het bezoek
Wat kan je anders doen
Dan hele dagen huilen
Of je fles uitkotsen
Op een pasgestoomde broek

En ze roepen maar dat ze
Je niet willen missen
Maar stoppen me dan zo in bad
Dat ik bijna verdrink
Wat kan ik anders doen
Dan tegen de klippen op te pissen
En een drol te draaien
Waar het hele huis naar stinkt

Uit: Interieur (1976)

Ze zitten in de zaal

Als je bijna alles hebt en denkt
Nu heb ik nog één wens
Dan staan ze aan de grens

En als je alles hebt en
Wou dat je het dubbel had
Dan staan ze in je stad

En als je alles dubbel hebt
En het verzekeren laat
Dan staan ze in je straat

En als je alles hebt verzekerd

En je bent toch nog een beetje bang
Dan staan ze in je gang

De intellectuelen
Die niet tijdig zijn gevlucht
Zitten alweer in Vught
En de koningin in Londen
Na een tip van haar man
Die heeft zo zijn relaties
Die weet er alles van

Als de zanger zijn lied heeft gezongen
En hij roept *allemaal*
Zitten ze in de zaal

Uit: Neerlands Hoop Code (1978)

Zeeland Blues

De Mississippi van Zuid Beveland
Is de Schelde met zijn Sas
Wij hoefden geen katoen te plukken
Wat bessen als het zomer was
Temidden van de Zeeuwen
Ben ik opgegroeid in Goes
Te preuts voor het leven
Te blank voor de blues

Luctor et emergo
Eens ga ik weg uit Goes
Ik wil naar Louisiana
Koop een katoenen bloes
Ik wil er veel voor lijden
Om dat te mogen zien
Om dat te mogen voelen
De blues in New Orleans

Ik ging voor zaken naar Marokko

Die werden goed betaald
Maar helaas voor mij en de junkies
Heb ik Frankrijk nooit gehaald
Ik zit de dagen af te tellen
In een Spaanse cel
Dit gevoel mag dan de blues niet zijn
Treurig is het wel

Luctor et emergo
Over tien jaar ben ik vrij
Dan ga ik naar Louisiana
New Orleans dan zie je mij
'k Zal voor mijn zonde boeten
Maar in een jaar of tien
Zal ik hem mogen voelen
De blues in New Orleans

In korte broek en camera
Gezeten in een koets
Rijd ik langs points of interest
Looking for the roots
De dixieland de striptease-tent
De hoeren van het Frans Kwartier
Wat stemmen ze me treurig
Die meisjes van plezier

De toeristieke treurnis
Van een boerenlul uit Goes
Die te preuts is voor het leven
Die te blank is voor de blues
Dat beetje pijn dat mij belast
Is goed voor een buisje aspirines
O liever was ik slaaf geweest
Dan toerist in New Orleans

Uit: De Mars (1982)
Muziek: Jaap Fischer

Zeven ballen en een piek

Het zit niet goed met onze aarde
Zei de Vader tot zijn Zoon
Die toen al zijn moed vergaarde
Hij dacht al aan zijn doornenkroon

Hoe staat het toch met moeder aarde
Vroeg de ezel aan de dood
Hoe groot is nu nog het gevaar dat
Ik me aan die rotssteen stoot

Goedzittende pakken
Beeldig staande jurk
Valt er nog wat door te zakken
Ruik eens even aan de kurk .

Wees in jezusnaam als Jezus
Zei de bijbel tegen hem
Ook de opstanding des vlezes
Vroeg hij met gebroken stem

Zeven ballen en een piek
Jongens wat een symboliek
Zeven ballen aan een boom
O wat zijn we heden vroom
Laat de kerkklokken maar luiden
Raak je angst kwijt voor de nacht
Kijk de wijzen uit het Zuiden
Vragen aan de wegenwacht
Waar het Oosten is gebleven
Want ze zijn de weg weer kwijt
Ze zoeken al een mensenleven
Naar de weg die toch naar Rome leidt

Het loopt wel los honger op aarde
Zei de duivel tot zijn bruid
Die zo zuinig zegels spaarde
Dan was ze veel goedkoper uit

Het valt wel mee vrede op aarde
Zei de duivel tot zijn vrind
Die nog steeds zijn Colt bewaart
Omdat hij dat zo veilig vindt

Meevallende sterren
Loslopende zon
Schijn nog even in de serre
Door de spijlen van het balkon

Wees in vredesnaam tevreden
Zei de vrede tegen hem
Maar het leed is al geleden
Zei hij met gebroken stem

Zeven ballen en een piek
Jongens wat een symboliek
Zeven ballen aan een boom
O wat zijn we heden vroom
Laat de kerkklokken maar luiden
Raak je angst kwijt voor de nacht
Kijk de wijzen uit het Zuiden
Vragen aan de wegenwacht
Waar het Oosten is gebleven
Want ze zijn de weg weer kwijt
Ze zoeken al een mensenleven
Naar de weg die toch naar Rome leidt

Uit: NOS-tv, Studentenhaver (1969)

Zondvloed Twee

Ik had al achttien uur gelopen
Toen ik aankwam in het land dat niet bestond
Mijn handen hieven zich ten hemel
Mijn benen verdwenen in de grond
Een branding dreigde mij te overspoelen
De stilte maakte mij ten einde raad

Ik probeerde als een gek nog wat te zwemmen
Maar wat doe je
Als je met je poten in de aarde staat

Ik kwam tot aan mijn nek in 't water
Een zeemeeuw wilde landen op mijn hoofd
Ik wilde God wel uit de hemel bidden
Maar ik had nog nooit in God geloofd
Welke god verhoorde mijn gebeden
Het water zakte het was nog niet te laat
Toen het bij mijn enkels was wilde ik vluchten
Maar wat doe je
Als je tot je enkels in het water staat

Rondom mij landen nieuwe mensen
Je kunt elkander raken met de hand
Nu moet je voor je eigen plaatsje vechten
De hitte van de strijd heeft mij verbrand
Als martelaar kwam ik tot de conclusie
Warme liefde doodt geen koele haat
Ik had nog om genade kunnen roepen
Maar wat doe je
Als je stem zojuist in rook is opgegaan

Liefde doodt geen haat
In het land dat niet bestaat
Liefde doodt geen haat
Als je met je poten in de aarde staat

Uit: LP Neerlands Hoop in Bange Dagen (1969)

Een woord achteraf

Toen de uitgever mij vroeg zelf deze verzameling van een na-woord te voorzien was mijn eerste reactie er een van lichte aarzeling. Je ontkomt als auteur, als je geen vrijblijvend stuk-je wilt schrijven, immers niet aan een verantwoording en die zal altijd neerkomen op mooipraterij, de mantel der liefde en nakaarten. Wat me wel trok aan het idee, zeker nu ik me voorgoed uit de showbusiness terugtrek, was iets te verklaren van mijn passie voor het lied en een licht anekdotische achter-grond te schetsen waarin een en ander ontstaan is.

Ik behoor tot de generatie die de pick-up de huiskamer heeft zien binnen dragen, waardoor je minder naar de radio luister-de. Daarna de televisie, waardoor je de buren nooit meer zag. Vervolgens de videorecorder, waardoor je nooit meer TV keek en toen de CD-speler, die je hele collectie platen waarde-loos maakte.

Sinds kort ben ik de trotse bezitter van een CD-video die alle andere apparaten overbodig maakt, waardoor ik eindelijk weer eens aan good old lezen toekom.

De eerste 45-toerenplaat die ik kocht was: *Er zitten twee motten in mijn oude jas* van de Vara-coryfee Dorus (Tom Manders). Dat soort liedjes worden vandaag de dag niet meer op de plaat gezet. Mijn eerste Engelstalige plaat was Louis Armstrongs *Basin' Street Blues*.

Ook mag niet onvermeld blijven de met veel moeite op de eigenbouw kristalontvanger gevonden zender Radio Luxem-burg. Met op zondagavond om elf uur de Engelse top twin-tig.

In Engeland was midden jaren vijftig de skiffle muziek erg populair. Een door zijn eenvoud van akkoorden en instru-menten – gitaar, theekistbas en wasbord – voor iedereen speel-bare muzieksoort, die zijn oorsprong vond bij de Amerikaan-se folkmusic. Mijn eerste buitenlandse idool was Lonnie Do-negan, die liedjes met begrijpelijke, komische teksten zong. (Does your chewing gum lose its flavor on the bedpost over-night, if your mother says don't do it, do you swallow it in spite.)

Mijn broer Goof bezocht in die jaren (1955-1958) een aantal keren een NCSV-kamp (Nederlandse Christelijke Studenten

Vereniging) en kwam terug met ondeugende kampliedjes als
Van der Lubbe (op de wijs van *Stormy weather*).

Ik citeer na al die jaren uit het hoofd:

's Morgens vroeg
Zit Van der Lubbe in de kroeg
Bier te hijsen
Schuine liedjes uit te krijsen
Nu moet hij sterven gaan
Gaan

In de noen
Heeft Van der Lubbe niets te doen
Dan te spelen
Hoe kan iemand zo ver velen
Hoe kan iemand zo ver gaan
Gaan

's Avonds laat
Loopt Van der Lubbe langs de straat
Brandje stichtend
Dat zijn zo zijn dagelijkse plichten
Nu moet hij sterven gaan
Gaan

Druk op de knop
Plof daar rolt Van der Lubbe's kop
Afgesneden
Nu is Van der Lubbe overleden
Nu is hij doodgegaan
Gaan

Pas een paar jaar later hoorde ik wie Van der Lubbe was en
te laat begreep ik dat de tekst ideologisch niet helemaal in
orde was.

Veel onschuldiger waren de liedjes *Johanna* (het meisje
voor halve dagen) en *Adam, kiele, kiele, Adam* (Toen God
de wereld had geschapen, eerst de hondjes en toen de apen,
schiep hij de mens zo wijd en zijd befaamd en Adam werd de
eerste mens genaamd).

Ik merkte bij het in het openbaar zingen van deze liedjes,
op schoolreisjes en klasse-avonden, dat erom gelachen werd,

een ervaring die zich diep nestelde in mijn geest. Al snel stond ik elke schoolavond op het podium en begon samen met Gert van der Breggen de eerste teksten te schrijven.

Mijn vader was een uitstekende amateur-dichter die er ieder jaar op Sinterklaasavond weer in slaagde de kinderen te laten lachen en moeder te laten huilen, zoals het hoort. Een paar van zijn verzen zijn in de Groninger Studenten Almanak gepubliceerd.

Al deze zaken bij elkaar hebben de liedkunst bij mij doen wortelen.

Alvorens u te vertellen hoe het lied verder door mijn loopbaan slingert, wil ik u mijn definitie van een liedje niet onthouden.

Een liedje bestaat uit bewust gerangschikte woorden, die zodanig op lichte muziek gezet kunnen worden, dat een vertolking ervan mogelijk is. (Door muziek gefrustreerde poëzie.)

Een cabaretlied onderscheidt zich van het louter amuserende lied door sociaal of politiek engagement en is veelal opzettelijk luchtig of bitter van toon.

Hoewel de meeste hier gepubliceerde liedjes niet op de waan van de dag slaan, is het toch van belang te weten in welke periode ze geschreven zijn, al was het alleen al om glimlachend terug te zien op verteerde maatschappelijke obsessies als het damslapen, waarbij vermoeide hippies ons nationaal monument als rustplaats kozen, en van recenter datum de PPR, opgelost in Groen Links.

Kabouters waren uitgeslapen hippies die het tot de Amsterdamse gemeenteraad brachten en Molukkers werden treinkapers in Drente, om hun verlangen naar een Zuid-Molukse Republiek die hen ooit door de Nederlandse regering in het vooruitzicht was gesteld, kracht bij te zetten.

De wortels van mijn engagement liggen overduidelijk in de jaren zestig, bloeiperiode van het ongebreidelde. De popmuziek stuwde de subcultuur tijdelijk omlaag uit het obscure en bepaalde voor enige jaren het aanzien van de wereld. Zij trok daarin de folkmusic en de daaraan verwante protestsong mee.

Naast The Beatles, met name natuurlijk John Lennon, was het vooral Bob Dylan die me inspireerde. Woody Guthrie en ook Tom Lehrer, de beste van allemaal en te slim om voor eeuwig in het vak te blijven hangen, mogen niet ongenoemd blijven.

Het was vanzelfsprekend dat ik in Nederland aansluiting vond bij de cabarettraditie. Toon Hermans (lagere school), Jaap Fischer (middelbare school) en Drs. P. (studententijd) werden mijn idolen.

Het ontstaan van de in deze bundel verzamelde liedjes valt grofweg in drie periodes uiteen, waarvan het bestaan van Neerlands Hoop in Bange Dagen het langste en het middelste tijdperk is, van 12-6-1968 tot 23-12-1979.

Van de eerste jaren, ik begon zo rond 1958 teksten te schrijven, heeft slechts een liedje deze bundeling gehaald, zij het met de tenen krom van terugwerkende schaamte.

Onder de naam De Paradijsvogels (flower power!) namen Johan Gertenbach, Bram Vermeulen, die de muziek schreef, en ik een single op met op de A-kant *Het Paradijs* (met naar mijn idee dezelfde hitpotentie als *Het land van Maas en Waal* van Boudewijn de Groot, wat nog in het arrangement is terug te horen) en op de B-kant *Merck toch uw zerck*. In het arrangement ontbrak iedere bluesfeeling en de aanvankelijke euforie van een plaatje te mogen maken sloeg al snel om in teleurstelling en verbittering over het uitblijven van succes, door platenartiesten die geen hit scoren altijd bondig samengevat in de zin: 'Ze hebben er ook niks aan gedaan.'

Het contact met platenmaatschappij Bovema was ontstaan doordat het Amsterdamsch Studenten Corps lustreerde. Dit feit diende te worden opgeluisterd met een speciaal lied dat aansloot bij het thema van het lustrum, Adammania. Bram en ik schreven twee liedjes (onder andere *Adammania, gek op Amsterdam*) die door Johnny Jordaan, de man die Bovema groot had gemaakt, op de plaat werden gezet.

John Möhring, de man achter Robert Longs latere succes, was onze contactpersoon. Tot op de dag van vandaag is mij niet duidelijk wat hij toch in ons zag. Ongetwijfeld zal hij nu zeggen dat hij toen al in ons vermoedde wat er later uitgekomen is, maar ik betwijfel dat. Men liet ons volkomen zwemmen en wij begrepen nog niets van de showbusiness.

Johan Gertenbach haakte af toen het singeltje flopte en Bram en ik stortten ons op advies van Möhring op het schrijven van liedjes, waarvan vele, geheel eigentijds, in het Engels (*Your love is like a knuckleduster, Lieutenant O'Brennan*).

We waagden zelfs de oversteek naar het Walhalla van de popsong in die dagen, Londen, om daar onder leiding van Paul Atkinson (ex The Zombies) een demo te maken in een van de vele studiootjes in Wardour Street.

Just Enschedé (we hadden al vroeg een manager; voorbeeld Brian Epstein!) is vooral op mijn aandringen nog met dat demootje gaan leuren bij Tony Vos, de toenmalige hitproducer bij Phonogram. Zijn afwijzing herinnerde ons aan Decca, het label dat The Beatles geweigerd had en betekende geen enkele beschadiging van ons geloof in eigen kunnen.

Ook deden we een aantal jaren via ingewikkeld gedoe met schuilnamen mee aan het nationale songfestival. Als ik me goed herinner zonden we in het jaar 1968 zelfs vijf liedjes in, waaronder *Ga naar je kanarie Arie*, die geen van alle doordrongen tot de selectie, terwijl we nog zo geprobeerd hadden de teksten niet te moeilijk te maken en de muziek makkelijk in het gehoor liggend.

Heel belangrijk voor het ontstaan van Neerlands Hoop en daarmee van vele liedjes, is het moment in 1968 geweest waarop Bram zijn eerste tweedehands Hohner-pianet kocht, waarmee we vanaf dat moment onafgebroken en gericht op de voorstelling repeteerden. Het instrument was gefinancierd uit de inkomsten die we ontvingen als tekstschrijvers voor de Joop Doderer-show, waar we op voorspraak van mijn vader, die de ouders van regisseur Dick van 't Sant (Dick Duster) onder zijn lidmaten had, bij gekomen waren.

De opnamen van de eerste show vonden plaats op de dag dat de Russen Praag binnenvielen om de naar die stad genoemde lente te veranderen in een Russische winter.

Joop Doderer wilde van zijn Swiebertje-imago af en zou voornamelijk in smoking gekleed een, zoals de Belgen zeggen, gesofistikeerde show presenteren met een buitenlandse gast, een ballet, een paar sketches en een conférence.

We kregen te maken met een Engelse tekstschrijver die ons het vak zou leren. Dit bleek achteraf de grootste gapper uit de business te zijn. Elk idee dat we opperden werd door hem, nadat hij het genoteerd had, als niet goed terzijde geschoven. Thuis werkte hij die aantekeningen uit en verkocht de sketches aan een Australische komiek. Omgekeerd had hij de scènes die wij te vertalen kregen ook weer voor het grootste deel aan leerlingen uit de rest van de wereld ontfutseld. Eén ding moet ik achteraf toegeven: ik heb er veel van geleerd, onder andere dat een goede tekst adapteren of vertalen geen schande is.

Zo heb ik een aantal liedjes vertaald voor Doderers programma. Van The Beatles *Obladi Oblada* (Op de skies loopt het spaak) en van The Scaffold *Lilly the Pink* (In de gist, de gist, de gist, heb ik me vergist, vergist, vergist. Joops Oudejaarsshow waarbij het oliebollendeeg uit de pan rees).

De show werd geen succes. Ik herinner me een gruizige brainstorm in het Renkumse hotel Nol in het Bosch waar TV-chef Dick van Bommel persoonlijk het creatieve team een hart onder de riem kwam steken. Ons idee was een soort Van Oekel avant la lettre te creëren, waarbij onze voornaamste handicap was dat we op onze woorden moesten letten. 'O jee' kon niet bij de NCRV, omdat 'jee' volgens de censor naar Jezus verwees. Als je daar dan, niet voor een gat te vangen, 'o hee' van maakte, zei iemand dat 'hee' voor hemel stond.

We deden in 1968 letterlijk alles om in Het Vak aan de slag te komen. We spraken met René van Vooren over mogelijke tekstbijdragen aan de Mounties-show. We schreven en regisseerden het zogenaamde Groenentoneel bij het Studentencorps. We stonden bij Ton Hasebos (Kabouter Kandelaar) van de VPRO op de stoep met een idee om het jongerenprogramma Hoepla op te volgen. We regisseerden en schreven de schoolavond van de Breitner-mms en we traden voor Amerikaanse toeristen op in het Lido-café met Engelse teksten.

Vaak waren we te vinden in het derdejaarszaaltje in het Lido, dat toen de Studentensociëteit van het Amsterdamsch Studenten Corps was, omdat daar een piano stond.

Op een avond toen we, enigszins aangeschoten uit Wienerwald op het Leidseplein, waar we een sobere maaltijd genuttigd hadden, het zaaltje wilden betreden, vergaderde daar het botte dispuut Vivat, waarbij het mos gold dat de verstoorder van hun bijeenkomst van broek ontdaan met bier in het kruis gespoten moest worden.

Met de deurknop nog in de hand werd ik gretig door enkele eerstejaars, die dit nog niet eerder meegemaakt hadden, naar binnen gesleurd terwijl Bram in een klap nuchter met mijn lege schoenen in zijn handen stond.

De vechtpartij die later ontstond is legendarisch geworden. Bram sloeg met zijn elleboog tegen de verwarming waardoor zijn volleybal-trip naar Turkije twijfelachtig werd.

Wij verhuisden met de AVSV, het damescorps, naar de Raamgracht waar een prachtige vleugel stond en waar niemand ons hinderde.

Daar waren we ook aan het repeteren op de morgen van 12 juni 1968 voor ons eerste optreden onder de naam Neerlands Hoop, dat in het Microtheater zou plaatsvinden op 28 juni, toen het bericht kwam dat mijn vader overleden was.

De victorie van Neerlands Hoop begon op Camaretten, een cabaretconcours dat georganiseerd was door Delftse studenten. Voor 1200 overenthousiaste jongelui brachten wij op vrijdag 8 november 1968 naast wat conférences, de liedjes *Het land der Blinden* en het succesnummer van het eerste uur *De vlinder en de bloem*.

Overtuigd van onze winst togen we na afloop van een volleybalwedstrijd, die Bram op zaterdag in Dordrecht had moeten spelen, in onze beste pakken naar Delft om daar de hoofdprijs in ontvangst te nemen. Ik had mijn dankwoordje al klaar. Het liep anders. We werden vijfde.

Aan optredens hadden we vanaf dat moment echter geen gebrek. Bovendien besteedde het NTS-televisieprogramma Studentenhaver veel aandacht aan ons, zodat voor het eerst mensen op straat begonnen om te kijken als ze ons gepasseerd waren.

Mijn zelfverzekerdheid op het toneel was voornamelijk gebaseerd op mijn ijzeren vertrouwen in Bram, een topsporter en Montessori-scholier, die geen twijfel leek te kennen. Na jaren bekende Bram mij dat zijn rust voortkwam uit zijn indruk dat het mij allemaal zo makkelijk leek af te gaan.

Wat mij opviel bij redactie van de liedjes was, behalve de hoeveelheid en de verscheidenheid van onderwerpen, toch vooral de ongelijkheid van kwaliteit. Het is niet wijs zelf een waardeoordeel over mijn werk te geven, maar dit geeft wel aan dat wij, net als ons publiek overigens, in een soort roes leefden waardoor dingen begrepen werden die in feite ondoorgrondelijk waren. Daar komt bij: als het brood vers is, kan men de bakker nog ruiken.

Als geldt: de goede ontvanger heeft aan een half woord genoeg, kun je ook stellen: de goede brenger maakt een half woord verstaanbaar. Je kunt je afvragen: maakt de ontvanger de brenger of omgekeerd? Voor mijzelf geldt het eerste.

Repeteren was voor Bram en mij het perfecte alibi om bij

elkaar te zijn. Wij waren in die dagen vrijwel altijd samen om te knutselen aan tekst, muziek en voorstelling. Teksten schrijven en componeren deden we apart, maar we hielden wel via de telefoon voortdurend voeling met elkaar. Zonder Bram zouden vele teksten er anders hebben uitgezien, vaak noopte de muziek tot verandering, soms suggereerde hij een beter woord. De volgorde was op een of twee uitzonderingen na: eerst de woorden, dan de accoorden.

Het verhaal dat Bram me voortdurend uit bed moest halen om me aan het werk te zetten, lijkt een beetje op dat van Stan Laurel en Oliver Hardy, waarbij De Dikke liever ging golfen dan filmen. Het laatste schijnt niet helemaal waar te zijn, het eerste is helemaal niet waar. Wel is het zo dat Bram iets in mij wakker gemaakt heeft: zelfwerkzaamheid.

Het directe succes van ons eerste theaterprogramma (*Neerlands Hoop in Bange Dagen*, 1969) verlamde mij. Ik had vijftien jaar een droom gekoesterd die in feite binnen een jaar gerealiseerd werd. Is dit alles? vroeg ik mij paranoïde af. Daarbij kwam de angst van iedere geslaagde debutant: zal me dat nog een keer lukken, vooral ingegeven door de vraag: hoe heb ik hem dat die eerste keer gelapt? Want, en dat blijft na het voltooien van elke tekst weer het grote raadsel, waarom heb ik dit lied hier en nu geschreven? Meestal gebeurde dat niet 's morgens om elf uur op die ruime werkkamer achter dat prachtige oude, op het Waterlooplein gekochte bureau, dat bij een verhuizing een val van de derde etage overleefd had en waarop een smetteloos wit vel papier was klaargelegd onder een ouderwetse vulpen. Over het algemeen ontstond een tekst op onbestemde tijden op een servetje achter in de auto op weg naar een zaaltje. Ook week het eindresultaat vaak af van het voornemen. In het begin werd ik duidelijk overweldigd door de mogelijkheden van de taal en speelde in het wilde weg met woorden. Later merkte ik dat ik ongeveer kon schrijven wat ik bedoelde.

Groot was mijn opluchting toen ons tweede programma, *Neerlands Hoop in Panama* (1971), net zo vanzelfsprekend met gejuich werd ontvangen als het eerste. Toen *Plankenkoorts*, een speciaal programma voor het Holland Festival in 1972, unaniem de hemel in geprezen werd, was ik er voorgoed door en heb nooit meer getwijfeld of ik nog wel een volgend programma kon maken.

In die tijd heb ik geleerd dat een tekst nooit af is, een verandering meestal een verbetering is en dat weggooien vaak de beste verandering is.

De tijdgeest kwam al even ter sprake. Het is prachtig te zien hoe Neerlands Hoop in de ban was van popmuziek, politiek engagement en modetrends.

Op de rails van dat sentiment is in 1973 de *Neerlands Hoop Express* gaan rijden. Ook valt de plaat *Hoezo Jeugdsentiment?* binnen het kader van zo-graag-een-popgroep-willen-zijn.

Qua organisatie waren we autonoom en stonden buiten iedere gevestigde orde. Just Enschedé hield ons kort en spreidde de vele optredens weloverwogen over het gehele land. Hij was in het begin ook de chauffeur omdat Bram en ik geen rijbewijs hadden, wat ons in de gelegenheid stelde onderweg te repeteren en te creëren.

Ik kan me niet herinneren dat Just, hoewel hij zeer kritisch was en beter dan Bram en ik wist waar Neerlands Hoop voor stond, zich ooit inhoudelijk met de voorstelling bemoeid heeft. Toch was het eigenlijk logisch dat toen Just er begin 1979 mee ophield, Neerlands Hoop ter ziele zou gaan, waarmee ik niet wil suggereren dat het uiteenvallen van Neerlands Hoop geen andere redenen kent.

De *Neerlands Hoop Express* was de triomf van Bram: met een eigen band op het toneel. *Neerlands Hoop Interieur* (1976) was mijn pièce de résistance, we speelden het tot verveling van Bram meer dan vierhonderd keer, deels om het verlies van de musical *Een kannibaal als jij en ik* op te vangen.

Deze musical, die een nadere uitwerking was van *De dag dat de onschuld doodging*, een muzikaal spektakel dat we in 1969 voor de lustrerende Leidse studentes hadden geschreven, was de vervulling van weer zo'n jeugddroom. Na het succes van *Hair* en *Tommy* konden wij als muziektheatermakers niet achterblijven.

Gitarist Jan de Hont reed al mee met de *Express* als bassist, kwam er tijdens *Interieur* weer bij en gedrieën namen we de plaat *Ik ben volmaakt gelukkig* (1978) op volgens het van The Band afgekeken stramien. Ergens op het platteland (in dit geval Haaren N-B) een studio inrichten en daar in afzondering opnemen.

Neerlands Hoop Code (1978) gaf mij het gevoel dat alles mogelijk was en dat werkte, hoe gek het ook mag klinken, verlammend, omdat het er blijkbaar niet meer toe deed wat je zei. De goede verstaander had zelfs dat halve woord niet meer nodig.

Een korte serie optredens in Londen (juni 1979) bracht ondanks onze Obvious Ambitions geen soelaas. Bram voelde de behoefte groeien zelf teksten te gaan schrijven en ik zag mij niet tot mijn tachtigste de angry young man uithangen. Ik was, daar had Just gelijk in, te oud voor de punk.

Het verging Bram en mij uiteindelijk zoals het een goede tekst en zijn performer vergaat. Eerst de herkenning van de kwaliteit, dan de erkenning van de potentie, de openbaring van de waardering door het publiek, het gulzig naar binnenslokken van het succes, de verzadiging en tot slot de afkeer.

Veruit de meeste liedjes in dit boek komen uit die onvergetelijke jaren waarin alles kon. Veel liedjes kan ik na twee keer overlezen weer uit volle borst zingen.

De Neerlands Hoop-liedjes zijn opvallend weinig gecoverd. Bij mijn weten slechts door Liesbeth List (*Vogelvrij*) en door Vivi Bach in het Duits (*Elsje*).

Over de laatste periode (1980-1990) kan ik wat korter zijn omdat deze verser in het geheugen ligt en bovendien niet zoals de beginjaren van Neerlands Hoop in het verborgene is gebleven.

De presentatie van het programma Denkbeeld voor de NOS-televisie (eind 1979) had in die zin mijn ogen geopend dat de gesprekspartners waar ik het ideologisch mee eens was, in de meeste gevallen niet direct uit de bus kwamen als ruimdenkende mensen, maar eerder als benauwde, in hun overtuiging verstrikte gelijkhebbers.

De anderen, die ik op grond van hun passie voor astrologie of Oosterse religie zou moeten verketteren als zwevers of obscurantisten, kwamen vaak op mij over als ontvankelijke mensen die over het algemeen een vrolijke kijk op het leven hadden. Bovendien rookten en dronken ze een stuk minder dan de gemiddelde gelijkhebber.

Ik kwam tot het inzicht dat als de wereld ooit volmaakt geweest was deze door bijna iedere inspanning van de mens die op vooruitgang gericht was verder achteruit kachelde en als je zelf niet gelukkig was, kon je een ander nooit gelukkig maken. Kortom het reactionaire groene standpunt.

Misschien stond die deur al lang open, maar niemand verlaat het huis zolang het je herbergt.

Als de goede verstaander aan een half woord genoeg begint te krijgen, moet de spreker niet alleen op zijn woorden gaan letten. Ik was de Grote Herkenning van het publiek gaan zien als Mijn Grote Gelijk. Bij de Argentinië-Actie (een poging het Nederlands Elftal van deelname aan de WK aldaar af te houden in verband met de beestachtige junta, vastgelegd op *Bloed aan de Paal*, 1978) had ik al ervaren dat zelfs aan een rechtvaardige strijd bizarre negatieve kanten kleven die het vertrouwen in de politiek en het wereldverbeteren niet doen toenemen.

Die actie heeft mij niet verbitterd, maar wel het idee gegeven dat mensen met vrijheid nauwelijks raad weten en dus vaak hunkeren naar een, zo luxe mogelijke, gevangenis.

Dat gold in elk geval voor mezelf: na de bevrijding van de Neerlands Hoop-doctrine bouwde ik aan het fundament van de solo-gevangenis.

De sterke behoefte me af te zetten tegen het Neerlands Hoop-verleden mondde uit in *De Komiek* (1980), een programma dat in grote lijnen ontstond toen ik, nadat in september de beslissing was genomen niet langer met Bram samen te werken, een paar dagen met mijn vrouw Hella door Frankrijk reed. Schuchter groeide een artistieke wisselwerking.

Orlow Seunke, die ik bij de verfilming van *Code* had leren kennen, was me behulpzaam als ik twijfelde en speelde de rol van mijn doofstomme broertje Sanne.

Van het patroon eerst de liedjes en dan de verhalen, week ik tijdens de totstandkoming van *De Komiek* niet af. Omdat liedjes maken ook veredeld puzzelen is, is het bij uitstek een geschikte methode om de concentratie optimaal te maken.

Wat mij bij het vervaardigen van het eenvoudigste boekenkastje ontbreekt, het opbrengen van geduld, dus het vinden van rust, waarop de concentratie volgt, gaat bij het maken van een liedje moeiteloos. Het werkt als een mantra bij de meditatie. Een liedje begint vaak met een eerste regel, een inval of een pointe. Je kiest een rijmschema, een metrum, en het ene woord lokt het andere uit.

Aan de eigenzinnige jazz-pianist Leo Cuypers vroeg ik of hij een melodie kon leveren die ik zelf zou kunnen begeleiden, dat werd het openingslied van *De Komiek*.

De Vlaming Wannes van de Velde, die ik kende van zijn ontroerende muziek voor *Mystero Buffo*, maakte twee melodieën en Clous van Mechelen tekende voor de meezinger *De Koe*. Ik wilde zo weinig mogelijk bij een tape zingen en daarom huurde ik een draaiorgeltje dat Tom Meyer van boeken voorzag.

In *De Tragiek* (1981) zette ik mijn eerste schuchtere stap naar een muzikale ondersteuning van het programma op tape, als een soundtrack bij een film.

Bij *De Mars* (1982), het eerste programma waarin ik niet zong, begon de samenwerking met Willem Breuker, met wie ik vele inspirerende uren in de studio heb doorgebracht. Terwijl hij zich met een keur van muzikanten door de partijen heen blies, bedacht ik wat ik met die klanken op het toneel zou kunnen doen.

Onze samenwerking liep via zijn superieure soundtrack voor *De Illusionist* (een film met Jos Stelling, 1983) naar zijn hoogtepunt in *Stroman en Trawanten*, al heeft het er nog even om gehangen of het allemaal wel door zou gaan. Na een try-out in Alkmaar zag ik het helemaal niet meer zitten, maar Willem drukte door, we besloten tot een paar forse ingrepen en ziedaar, het lukte.

Voor *De Bedevaart* (1985) arrangeerde en componeerde Breuker weer de muziekband en schreef Henny Vrienten de muziek voor *De Pelgrim* en voor wat mijn lijflied zou worden, *De wals van het als*. Het was mijn bedoeling na *De Bedevaart* een paar jaar te stoppen en me toe te gaan leggen op louter schrijven. Maar het liep een beetje anders.

Bij het verschijnen van de bundel *Het damestasje* (1986) leek het de uitgever en mij wel een goed idee een paar voorleesavonden te geven om zo het boek wat onder de aandacht te brengen. Omdat ik nogal snel uit mijn hoofd leer, werd het toch weer een voorstelling, waarbij ik tot groot genoegen van mijzelf, en gelukkig ook van het publiek, enkele liedjes uit de Neerlands Hoop-tijd vertolkte.

De Pretentie (1987) ontstond uit een misverstand over de boeking met de Stadsschouwburg te Amsterdam. Theaters plannen ver vooruit, ikzelf wil het graag kort houden. Zij boekten mij voor december 1987 terwijl ik 1986 bedoelde. Na veel geschuif vonden we voldoende data in december 1986 om *Het damestasje* te kunnen spelen, zodat mevrouw Habbema niet in de agenda hoefde te gummen. Dat werd *De Pretentie*.

Hierin kwam het lied *Kijk dat is Kees* uit Panama terug en

zong ik *Loom*, mezelf begeleidend op een bassnaar die aan de deksel van een kist gemonteerd was en elektrisch door-versterkt werd.

Het programma eindigde met *Een dagje ouder,* dat ik voor Toon Hermans geschreven had. Toon vond het mooi, maar zag zich niet iets van een ander zingen.

De Goeroe & de dissident (1988) bevatte een liedje, *Tien Levens*, dat elke avond samen met de zaal gemaakt werd. Op den duur werden de uit de zaal geroepen suggesties voorspelbaar en liep de improvisatie, zoals vaak in het theater, vast.

Mijn besluit om voorlopig alleen maar te schrijven en niet meer te spelen stond vast, toen de directie van Carré mij een serie in combinatie met Toon Hermans voorstelde. Wat samen met Neil Innes, die ik kende van zijn song *How sweet to be an idiot*, dat ik voor *De Mythe* bewerkte, de show *Mistery Guests* had moeten worden, werd, wederom door een serie misverstanden en niet nagekomen afspraken: *De Volgende* (1989).

Geïnspireerd door Gavin Friday's plaat *Each man kills the things he loves* bewerkte ik Brels *Au suivant* en Dylans *Death is not the end*.

Gedurende de afgelopen tien jaar heb ik minder liedjes geschreven dan in de Neerlands Hoop-tijd. Dat is voornamelijk te wijten aan het probleem van de begeleiding op het toneel. Een tape is een aanfluiting en ik heb er ook een hekel aan een stel muzikanten meer dan de halve avond voor joker op het toneel te laten zitten. Aan op- en aflopen van begeleiders heb ik helemaal een broertje dood.

Verzoeken van collegae om voor hen een liedje te schrijven heb ik nooit kunnen honoreren. *De kuil* schreef ik op verzoek van Wim Noordhoek voor zijn radioprogramma Het Bericht en mijn laatste lied, *Als jij er niet meer bent*, maakte ik speciaal voor deze bundel.

Op de vraag of enkele van deze liedjes onder de noemer poëzie vallen, kan ik zelf het antwoord niet geven. Een gedicht is mijns inziens introverter dan een liedje. Omdat de betekenis van een gedicht niet na een keer lezen of horen doorgrond hoeft te worden, wat bij een liedje bijna een voorwaarde is, kan de dichter dieper gaan. Poëzie is ook wat dogmatischer dan de liedkunst. In oud-Hollandse termen zou je kunnen zeggen: poëzie hoort bij de preciezen, liedjes bij de rekkelijken.

Mijn plaats is bij de laatsten: ik verloochen mijzelf, over-treed regels die even tevoren dogma's leken, spot met rijm en metrum, deins er niet voor terug clichés te ontrafelen en te creëren (De tijd doden komt wel een keer of zes voor) en ik schuw het effect niet.

Over de rol van Hella heb ik in dit nawoord nog niet veel gerept. Zij heeft vanaf *De Komiek* een steeds prominentere rol gespeeld bij het maken van de theaterprodukties en films. Ze wist door haar oprechte kritiek mijn teksten zuiver te hou-den en met haar smaak en artisticiteit het aanzien van de voorstelling te vervolmaken.

Alle liefdesliedjes in dit boek zijn voor haar geschreven en gelden tot op de dag van vandaag.

Aan haar draag ik dit boek op.

F. de J.   Muiderberg, februari 1990

Aantekening

In dit boek zijn, alfabetisch gerangschikt, 174 liedjes verza-meld. Waar niet apart vermeld wordt van wie de muziek is, is Bram Vermeulen de componist. Ook staat vermeld in welk programma of op welke plaat het lied voor het eerst gebruikt is. Het vermelde jaartal staat voor het jaar waarin het werk geschreven is.

Alle platen van Neerlands Hoop zijn bij EMI Bovema te Heemstede verschenen. Al de solo-elpees van Freek de Jonge kwamen uit bij BMG Ariola.

Inhoud

Als   5
Als hij terugkomt uit de oorlog   5
Als ik jou zie   6
Als jij er niet meer bent   7
Arbeider dat heb je er nou van   8
Bello de hond   10
Bericht aan de reizigers   11
Beter zo   12
Bier   14
Credo   16
Daar ligt hij   17
De ballade van Jan Lul   18
De ballade van Scrotum Bill   19
De bekering   21
De bierkaai   22
De blues   23
De brief   24
De damslaper   25
De elite   26
De generaal   27
De godvergeten blues   29
De haan kraaide victorie   30
De harde waarheid   31
De herder   33
De hond en de zwerver   34
De hijger   35
De intellectuelen   36
De kinderen droegen vader   37
De klaagzang van de welvaart   38
De kleine zwervers   39
De kleine zwervers revisited   40
De koe   41
De komiek   43
De koolmees   44
De kuil   45
De lopende band   46
De misstap van oom Daan   47
De muur   48
De oude stripteaseuse   49

De oude vrouw   51
De parabel van olifant en parasiet   52
De pelgrim   53
De schuldvraag   54
De ster van Bethlehem   56
De tol van de roem   57
De trekhond en de lucht   59
De tijd   60
De uren waarin niets gebeurt   61
De vlinder en de bloem   63
De wachttoren   65
De wals van het als   66
De zoon van visser Kwakman   67
De zuster van oom Jozef   69
De zwerver   70
Demokratie   71
Doe de ballenkneller   73
Dood kind   74
Douairières   75
Een dagje ouder   76
Een haartje   78
Een lied voor jou   79
Eén mei   80
Een vrouw alleen   81
Eens zal het licht hier schijnen   82
Ego Ludens   83
Elektrisch levenslicht   84
Elsje   85
En als je de dood niet kent   86
Er is hoop   86
Er waren eens twee bussen   87
Er zit een toepeetje in de vlaflip   89
Fazant met zuurkool   90
Flat   91
Freek doe me een lol   92
Geef mij je hand   93
Geld   94
Geluk = gelul   96
Glitter en goud   97
God bewaar me   99
God wat ben ik blij   100
Gooi een kwartje in de juke-box   101

Hangen over de leuning van de brug 102

Heimwee naar het vaderland 103

Het is weer tijd 104

Het land der Blinden 107

Het lied van de mijnwerkers 108

Het narrenschip 109

Het recht van de sterkste 110

Het systeem 112

Hou moed 112

Ieder weekend 113

Ik ben volmaakt gelukkig 115

Ik ben zo bang 116

Ik dacht 117

Ik doe aan cabaret 118

Ik doe mijn best 120

Ik heb haar vermoord 121

Ik sta hier en jij zit thuis 122

Ik tel mijn idealen 124

Ik voel me eenzaam op de camping 125

Jaren maanden weken dagen uren 126

Juanita Sambabal 127

Jij 128

Kanonnenvoer 129

Kauwgom 130

Kinderen blijven hinderen 131

Krokodilleleer 132

Kunst- en vliegwerk 133

Kijk dat is Kees 135

Laat het nooit afgelopen zijn 136

Laat maar 138

Lauwe cola ouwe platen 139

Lekker mens 140

Leven na de dood 142

Liedje om in het donker te zingen 144

Liedje van verlangen 144

Loom 145

Maria Dolores 147

Mayonaise 148

Mens durf te sterven 149

Merck toch uw zerck 150

Misère 151

Morgen ben je de bruid 153

Neerlands Hoop Express   154
Niets aan de hand   155
Nieuwe woorden leren   156
Nooit meer   157
Onontloken bloemenperken   158
Oorlog en vrede   159
Op de grens van dood en leven   161
Opa   162
Oud en eenzaam   162
Ouwe gitarist   163
Plankenkoorts   164
Poen op de stoep   165
Portnoy's klacht   167
Prothese-song   167
Quo Vadis   168
Radio   169
Revolutie   170
Rotzooi   171
Samen   173
Scheiden doet lijden   174
Slaapliedje   175
Stilte   176
Te laat   176
Te vroeg   177
Thuis   178
Tien kleine nikkertjes   180
Tien levens   181
Traangas honden gummiknuppels   182
12-6-1968   183
Un koe   184
Vader en zoon 1   185
Vader en zoon 2   186
Verslaafd   187
Vieze ouwe man   190
Vogelvrij   191
Vrolijke soldatenpotpourri No. 4   192
Vijftig gulden meer   194
Waar de wil is is de weg   195
Waar moet je heen   196
Wat fijn om idioot te zijn   197
Wat ik geleerd heb in dit leven   198
Wat je ziet of wat je doet   199

Wie volgt (de hoer)   200
Wie volgt (de soldaat)   202
Wie weet waar de uitweg is   204
Wij moeten strijden voor de Wadden   205
Ze brengen je ter wereld   206
Ze zitten in de zaal   208
Zeeland Blues   209
Zeven ballen en een piek   211
Zondvloed Twee   212
Een woord achteraf   214
Aantekening   227